樂律

從話術到心術,讓你的聲音在
重要時刻無懈可擊

徐幫學 著

U0545629

語言
影響學

LANGUAGE INFLUENCE

全面升級你的溝通影響力

一句得體的話語,勝過千言萬語
學會說話,讓你的生活與職場雙贏
使聲音更有力量,讓每一次表達都更具價值!

目錄

前言 ………………………………………… 005

第一章
開場制勝：說好開場話，人生贏一半 ……… 009

第二章
智者之言：想清再開口，說話更得力 ……… 033

第三章
看人說話：話說對人時，效果更出眾 ……… 065

第四章
形象為王：姿態決勝負，形象更出彩 ……… 089

第五章
拿捏分寸：分寸有講究，說話更得體 ……… 129

目 錄

第六章
讚美有術：會說讚美話，瞬間拉近距………… 163

第七章
幽默破冰：語言帶幽默，場合更輕鬆………… 193

第八章
化解僵局：打破尷尬局，話題能延續………… 223

前言

人生需要表達，表達伴隨人生。在我們的工作與生活中，表達，既是方法，也是目的。

青春的夢想需要奮鬥，人生的價值需要展現，年輕的人們要做人生的主角，讓人生價值最大化，這就需要熱情演繹與快意表達，讓生命的光彩在表達中綻放。

在這個世界上，外貌不是唯一的優勢，自信與能力才是展示自我的傲人資本。在工作與生活中，一個得體的形象，一副自信的聲音，再加上熱情、真誠，就是成功展示自我、表達自我的最基本的要件。每個人的知識都是有限的，我們要不斷地更新自己，時刻為自己充電，盯住目標，發現問題、解決問題，這樣，我們才能擁有精彩的每一天。

我們身邊不乏有這樣的人：不擅長與人打交道；上下班總是一個人獨來獨往；經常和身邊或公司的人發生爭執……其實，不是身邊的人不適合或者是孤立他們，而是他們不善於表達自己，缺乏與人相處的技巧。

每天，我們都會遇見一些不同的人，也會不停地和一些人從陌生到熟悉，從普通朋友到知己，當然，也會有一些人從熟

前言

悉到陌生，我們每個人都要去適應這個社會，學會表達自己的內心。

我們每天都需要跟各式各樣的人相處，如在辦公室與上司、下屬打交道，出外時與陌生人打交道，日常跟各種服務人員打交道等等，每時每刻，我們都需要表達自己。

合理的表達需要依附於良好的口才能力與表達技巧，交際是一門綜合藝術，口才是表達自我必不可少的方法與學問。一個人要想巧妙地表達自己，需要具備敏銳的思維、細膩的心思、幽默風趣的口才和一顆誠摯的心。

口才是練出來的，好的口才能幫助我們展現自己、證明自己。任何時候，我們都不要羞怯，要努力抓住一切可以練習的機會；說話要有內容，這樣才能在社交場合及一些工作場合中吸引別人，讓別人在聽你說話的過程中有所收益或產生共鳴，這樣的講話與表達才是成功的、有效的。

也許有人會說，我很內向，我的表達能力不強，其實這是錯誤的說法。值得我們學習的交際表達技巧有很多，相信大家都有獨自鑽研，或者根據自己以往的交際經驗，在與人互動時遇上各式各樣麻煩的經歷。可是，如果我們懂得時刻反省自己，並借鑑他人相對成熟的交際表達技巧，並在與人互動的時候恰當地運用這些技巧，那樣就能夠獲得事半功倍的效果。

作者編寫本書的目的就是幫助那些不善於交際與表達自我

的人。翻開本書，你能透過具體的案例學會如何正確地與人相處，巧妙地表達自己，並掌握對自己有利的交際方法，從而幫助自己更快地成為口才與表達的高手，讓自己不管在生活中，還是在工作中都能左右逢源，和任何人都能聊得好、處得來。

前言

第一章　開場制勝：
說好開場話，人生贏一半

　　交際溝通離不開說話，離不開自我表達，開場話是表達的開始，而好的開始是成功的一半，學會說開場話、智慧溝通，能讓你的表達無懈可擊。

第一章　開場制勝：說好開場話，人生贏一半

禮：介紹好自己，讓別人更容易記住你

在日常交際與溝通中，我們經常會向陌生人或者新朋友做自我介紹，當我們做自我介紹時，應該做到落落大方、不卑不亢，面帶微笑、真誠、自然、不做作。要恰當地掌握好說話的分寸，有禮有節，不能言過其實，也不能畏畏縮縮、過於謙卑。

王強剛剛研究所畢業，一向很健談的他，對於求職面試自認為小菜一碟。在沒有什麼準備的情況下，王強來到一家大型房地產公司應徵，他的求職目標是房地產企劃，這與他的專業相關，於是，在自我介紹的時候，他便對房地產產業的發展趨勢、走向等大談特談，整個人陷入了一種自我陶醉的狀態。所有的面試官面面相覷，不得不中途打斷他的話，這次「自我介紹」半途而止，他的面試也沒了下文。

會見陌生人時，自我介紹是必不可少的。一般情況下，簡單地介紹一下自己的姓名、身分即可，有些情況需要詳細一些，如面試時，詳細的自我介紹內容包括姓名、年齡、住址、經歷、工作、特長、喜好等。

介紹自己的姓名時，為了引起別人注意，可以在姓名之間加上巧妙的注釋，這樣做不僅能夠讓對方很快記住你的名字，還能將你的文化素養和口才水準展現出來。比如一個叫李安的人，自我介紹時可以說：「大家好，我叫李安，『李』是唐太宗

李世民的『李』,『安』是定國安邦的『安』,父母替我取這個名字,就是希望我能夠成為一個像李世民那樣有志氣的人。」這樣一解說,李安這個名字就很容易被人記住了。

介紹自己的時候,一定要注重禮儀,有禮貌地向大家表達自己。禮貌是一個人應具備的基本素養,一個有禮貌的人雖然不一定在所有場合都受到尊重和歡迎,但是一個沒有禮貌的人所到之處肯定會遭到他人的排斥和反感,甚至對立。生活中,即使一個不愛講禮貌的人,也不願意受到他人不講禮貌的對待。所以,除了特殊場合,我們都要以禮待人。像王強那樣大談特談,自我陶醉式的自我介紹正是一種不懂禮貌的表現。

日常生活中,恰當地使用禮貌用語會讓你更受歡迎。禮貌用語會傳遞出一個人的真誠和感激,容易讓對方接受你的情誼,拉近彼此的距離。

以禮待人首先要學會使用禮貌用語,恰到好處的禮貌用語,會讓自己更受歡迎。

碰到自己熟悉的客戶,上前打招呼時主動問候說:「李總,您好,好久不見了,您還好吧?」這樣客氣又恰到好處的問候,會讓客戶感到非常舒服,同時也傳達出說話者的良好修養。客戶受到尊重,心理得到滿足,自然會對對方產生好感和信賴,從而願意與之互動下去。

「先生,非常感謝您在百忙之中抽出時間和我見面,我很感

第一章　開場制勝：說好開場話，人生贏一半

激！」這句話使用的禮貌用語不僅傳遞了真誠和感激，還讓客戶感受到情誼，很自然地便拉近了和客戶的距離。

常用的禮貌用語有您好、歡迎、感謝、謝謝、請、很抱歉、對不起、多關照等，這些都是使用頻率比較高的禮貌用語。下面我們詳細分析一下這些禮貌用語：

比起「你好」，「您好」顯然更能讓對方感到被尊重，也更容易獲得對方的好感。

「歡迎光臨」會讓來賓產生一種被禮遇、被當作貴賓的溫馨感覺。

「感謝」和「謝謝」都是及時表達謝意的用語，表現出說者的素養，也讓聽者感受到來自說者的美好祝福。據說，日本人最愛說「謝謝」，一個百貨公司的營業員，平均每天說「謝謝」的頻率高達 571 次，或許這個數字有些誇張，但也在一定程度上說明了他們有多麼看重「謝謝」這個禮貌用語。

「請」字，說起來非常簡單的一個字，卻能傳遞出說者的良好修養和誠意。

「很抱歉」與「對不起」是表達歉疚的禮貌用語，可以表現出對對方造成不便或者損失而產生的內心愧疚感。英國人最常說「對不起」這一禮貌用語，但凡稍有打擾他人的地方，他們總會在第一時間說「對不起」。即使沒有打擾到他人，他們往往也會

說聲「對不起」。

「初次見面，請多關照」是請求對方給予一些照顧，這一禮貌用語會讓對方感到被重視，聽者通常很享受這種感覺，也多半會給予說者適當的照顧。

需要注意的是，在使用這些禮貌用語的時候，不能濫用。張口閉口都是禮貌用語，這樣不但不會發揮應有的作用，反而可能會引起對方的反感。通常情況下，使用禮貌用語的時候要注意下列事項：

1. 語氣要溫和

聲音要不高不低，也不能粗聲粗氣或嬌聲細氣，否則有失莊重，不僅達不到禮貌用語的效果，反而引起聽者的反感。

2. 表情自然，態度端正

使用禮貌用語時，表情要自然，不做搞怪動作，這樣才有親切感。說話的態度要謙和有度，姿態不能過高也不能過低。高姿態會讓人產生難以親近的感覺，即使使用了禮貌用語，人們通常也不能接受；姿態低了，給人一種卑躬屈膝的感覺，不免有曲意逢迎之感，不足以讓聽者產生信任感。

第一章　開場制勝：說好開場話，人生贏一半

3. 使用有分寸

　　禮貌用語雖然好處很多，但也不應該過多地說，說得太多就會失去其本質意義，使人印象不深。當然，不該省略的時候，也千萬不要不說，不然會讓人覺得沒有禮貌。

　　綜上所述，不論是生活中還是工作中，人與人之間的溝通要盡量使用恰當的禮貌用語，以彰顯自己的良好修養。此外，還要注意禮貌用語的使用場合、時機等，同時注意做到神色一致，這樣才能使禮貌用語發揮最大的效果。

情：寒暄式開場，用溫情打動對方

　　與人溝通時，第一句話十分關鍵。第一句話說得好壞會直接影響談話的結果。

　　讓對方留下的印象深不深，關鍵在於第一句話說得合不合對方心意，如果想要加深和對方的關係，那麼多花點時間在開場白上，肯定會事半功倍！

　　小李按照與客戶的約定時間來到客戶辦公室，他的開場白是：「您好，李總，非常感謝您百忙之中抽出時間接待我，真是感激不盡！」（這是感謝客戶）

> 情：寒暄式開場，用溫情打動對方

「李總，您的辦公室可真漂亮，簡潔、大方又不失創意，可以看出您肯定是位做事幹練、又有品味的人！」（這是讚美客戶）

「這是我的名片，請您多多指教！」（向第一次見面的客戶介紹自己）

「李總之前接觸過我們公司嗎？」（這裡稍做停頓，以便留出客戶回想或回答的時間）

「我們公司是國內目前最大的為客戶提供個性化辦公服務方案的公司，我們透過多個管道的調查研究，了解到現在的公司企業不僅是在意如何提升市場占有率和利潤空間，也在意如何節省管理成本。我想您是公司的負責人，對合理配置辦公設備、節約成本的問題肯定也非常關心，所以來和您簡單地溝通一下，看看能否對貴公司有所幫助。」（介紹此次拜訪的目的，並站在客戶的角度尋求利益）

「請問貴公司現在使用的辦公設備都是什麼品牌？」（詢問問題，讓客戶說出公司需求）

於是，李總溫和地和小李詳細交談起來。

開場白所要達成的效果就是吸引對方的注意力，引起對方的興趣，讓對方主動與你交談下去。小李就是透過非常好的開場白吸引了客戶，從而為促成銷售前進了一步。

第一章　開場制勝：說好開場話，人生贏一半

當我們需要接觸陌生人或在重大場合發表演講時，就需要一個精彩的開場白，要做到精彩就請謹記以下兩點：

1. 要討人喜歡

所謂討人喜歡，最起碼的用語是禮貌的，可以贏得對方的好感，甚至產生更加強烈的情感共鳴。例如說，與一位帶著孩子的媽媽交談，你可以說：「您的孩子真可愛，簡直比電視廣告裡的童星更討人喜歡！」這樣的開場白絕對會讓對方笑逐顏開。

2. 能打開話題

誰也不希望在與人首次聊天時，剛說完一、兩句話就再也找不到話題，冷場了，所以說，好的開場白可以打開話題，就如同井眼一樣能湧出源源不斷的井水來。第一句話一定要充分勾起對方的好奇心、新鮮感或者談話興致，讓人按捺不住地想和你繼續聊下去。

講到這一類的開場白，舉一個非常典型的例子，在大多數情況下都能派上用場：「我之前聽人談起過您，今天終於有幸看到您本人，我發現您和我過去所了解的還真是有很大區別呢。」對方聽到這樣的話，十有八九都禁不住發問，想知道究竟什麼地方不一樣。接下來，你就能夠藉機發揮了，例如，你可以說：

「我過去聽說您是個極為嚴肅的人，現在一見，我發現您性情很好，跟您聊天感覺很舒服。」或者說「我過去一直以為，想要獲得您這樣的大成就，至少應該在 40 歲以上，沒想到您剛過而立之年，太令我震驚了，您究竟是怎麼做到的呀？」等等。相信對方聽到你這樣說，對你的好感和印象分數一定會很快提升的。

攀：沒話找話，讓暢談進行下去

如果是初次見面，又事先知道和對方有某種關係，就可以藉此攀談，使自己和對方盡快熟絡起來。

恭維的話就要根據不同的人或者場合而異了，但一定要恰到好處，讓人聽著自然、真誠、不做作。

劉浩是一名飯店用品的銷售員，一次出差的時候，在飛機上，她注意到鄰座的女士在翻閱飯店類的雜誌，便主動和她打了個招呼：「您好，我還是第一次遇到對飯店雜誌感興趣的女士，或許您是做飯店管理的嗎？」女士很有禮貌地微微一笑，並沒有回答她的話。（遇到合適的時機主動搭訕）

劉浩知道，對方是默認了她的話，於是主動拿出名片，對那位女士說：「您好，我叫劉浩，這是我的名片，我是做飯店用品生意的！」女士接過名片，問道：「你們都生產什麼樣的產

第一章　開場制勝：說好開場話，人生贏一半

品？有哪些品牌？」劉浩如實回答了女士的提問，兩人就這樣聊起天來。不知不覺，飛機落地了，劉浩一邊解安全帶一邊問道：「跟您聊了這麼久，還不知道您怎麼稱呼呢？」（自我介紹，深入溝通）

女士略帶歉意地說：「很抱歉，我這次出門沒有帶名片！」

劉浩爽朗地回答說：「沒關係，不如我加一下您的社群平臺帳號如何？」（問清對方聯絡方式）

「可以。」女士在一張便條紙上寫下自己的帳號遞給劉浩，劉浩接過後，輕輕唸了一遍：「Lisa 女士，帳號 *********，對不對？」（確認好對方的資訊）

兩人一起走下飛機，互相道別。第二天，劉浩到公司後，第一時間向 Lisa 打了電話。（第一時間打電話，可以加深客戶對自己的印象）

「您好，Lisa，我是劉浩，昨天我們在飛機上見過面！」

Lisa 女士：「哦，是劉浩啊，您好！」

劉浩：「昨天分別得太匆忙，有些問題沒有時間跟您深入探討，我打電話給您就是想問一下您什麼時間方便，我去拜訪一下您，順便參觀下您的飯店，您覺得可以嗎？」（為以後拜訪做鋪陳）

Lisa 女士：「沒問題啊。您安排個時間，然後提前打電話跟

> 攀：沒話找話，讓暢談進行下去

我約一下就行。」

劉浩：「好的，那我再打電話給您。」（不著急和客戶見面，留下懸念）

Lisa 女士：「好的，再見。」

一週後，劉浩透過社群平臺傳了個訊息給 Lisa，告訴 Lisa 最近有個飯店用品展覽會，並建議 Lisa 去參加。透過一來一往的聊天互動，兩人的關係也加深了。（培養與客戶的信任感）

沒多久，中秋節到了，趁著節日的氣氛，劉浩向 Lisa 打了個問候電話。（進一步拉近與客戶的距離）

劉浩：「您好，Lisa！我是劉浩，您還記得嗎？」

Lisa 女士：「劉浩啊，記得呀，最近還好嗎？」

劉浩：「感謝您還記得我。一直說去您那裡參觀的，可最近工作實在太忙了。最近中秋節就要到了，先向您打個電話，祝您節日快樂！」（為客戶送上節日祝福，讓客戶感受到溫暖）

Lisa 女士：「非常感謝！不過，我最近想換換供應商，您抽空來一趟吧，我們當面聊聊！」

劉浩：「那好呀，您看明天可以嗎？您是上午比較方便還是下午比較方便？」（向客戶提供具體可選擇的方案）

Lisa 女士：「那就明天上午 10 點，您到我的辦公室來！」

此次面談的結果是：Lisa 和劉浩達成了長期合作的關係，

第一章　開場制勝：說好開場話，人生贏一半

兩個在飛機上相識的人由陌生人變成了彼此的好朋友、生意上的好夥伴。

有些人害怕和陌生人說話，因為他們不知道如何開口，不知道怎樣說開場白，總之就是不懂得如何和對方將談話繼續下去。

事實上，打開一個話題並不難，只要細心觀察，說話時加上些許技巧，態度誠懇，就會受到聽者的歡迎，將談話繼續下去。要做到這一點，可以試試下面的方法：

1. 攀認法

攀認法適用於提前知道和陌生人有某種連繫，在初次見面時，就可以以這種關係攀認，先熟絡起來。比如，「我和你的哥哥是同班同學」，或者「我們畢業於同一所學校」，又或者「家鄉在同一個地方」等，短短一句話就可以縮短你們之間的距離，將談話繼續下去。

利用這種方式開場，需要事先透過各種管道了解和要見面的人能「搭」上什麼關係，或者在對方的介紹中，留意對方是否與自己有什麼共同之處，努力「搭」上關係。

美國總統曾在某大學進行了演講。他面對著一百多位陌生的學生，講道：「其實，我與貴校不算陌生。你們的校長和我的夫人是美國史密斯學院的校友，如此說來，我和你們也是朋友

了！」話音剛落，全場便響起一片掌聲。

如果實在找不出和對方有所關聯的地方，也可以投石問路，先丟擲一些話題，看對方的反應，從而找出有關係的地方，再進行有目的的交談，這樣可以自如地繼續談話。比如在朋友的宴會上，可以這樣詢問：「您和他是同事，還是同鄉，或是同學？」再循著對方的回答將談話進行下去。

2. 恭維法

初次見面的對象是知名人士或知名度較高的人，可以採取恭維對方的方式開場，比如，「馬總，早就聽聞過您傳奇的創業經歷，十分敬仰！」或者，「李老，您為我們市所做的貢獻業內皆知，您的行為真是令人敬佩！」

需要注意的是，恭維要採取合適的語言，不能言過其實，也不能胡亂吹捧，要掌握好分寸，不要說或少說諸如如雷貫耳、鼎鼎大名、久仰大名之類的大話、空話。所說的內容也要根據場合、時機、對象的不同而不同，內容貼切，讓人感覺自然、不做作為佳。

恭維過後，就要進入交談了，常用的方式是引出對方的輝煌，提出問題，通常對方會很樂意回答。

3. 代入法

代入法就是代入當時環境裡的人、事、境或者其他因素，引發出話題。如可以代入對方的姓名、裝飾、職業等，即興進行交談。也可以選擇大家都很關心的事件作為話題，引出觀點，進行交談。

這類話題通常比較大眾，很多人都願意說上幾句，也都能說上幾句，正因為如此，這類話題常常獲得很好的效果。比如，你看對方穿著一件真絲短袖，你就可以問：「您的這身衣服真漂亮，是真絲的嗎？好光滑呀！」

4. 循趣法

這種方式就是從對方的興趣出發，進行交談。如初次見面的陌生人，在得知他喜好軍事時，就可以以此為話題，展開交流。如果正好你也是個軍事迷，有一定的軍事知識，那你們就可以將談話進行得很久。當然，如果你沒有相關方面的知識，也可以做個好的聽眾，不時送上幾個問題，讓對方解答，這樣的交談氛圍也是很和諧的。

再比如對方是象棋愛好者，你就可以問：「知道您喜歡下象棋，我也對下象棋十分感興趣，無奈程度有限，正好今天可以

向您請教一個殘棋的解法,您看紅方有……」如此一來,話題自然就打開了。

誠:說話貴在真誠,拒絕過度寒暄

在日常交際與溝通中,說話表達的態度很重要,尤其是在開場白中。話語真誠的開場白會在無形中拉近和聽者之間的距離,過度的寒暄則會令聽者感到虛偽,反而使彼此的距離更遠。

利用開場白和人寒暄時,一定要集中注意力,否則,一旦有漫不經心的言辭或舉動,就會讓聽者產生不被重視的感覺。

小眉和小剛是同一個部門的同事。週日,小眉和丈夫去購物中心逛街,碰巧遇到了小剛,小眉便將丈夫雷鳴介紹給小剛,小剛和雷鳴握過手之後,本想再寒暄幾句,表示對新朋友的友好,但雷鳴只顧著和小眉說些閒話,彷彿忘了小剛的存在,小剛只好尷尬地和小眉說了聲「再見」就走了。如果,雷鳴能夠在握手之後,簡單地和小剛說幾句話,就顯得很有禮貌了,小剛也就不會陷入如此尷尬的局面。

有些時候,我們和陌生人會陷入無話可談的尷尬局面。這個時候就可以用一些寒暄的話引入交談,比如「天氣更加冷了」或者「最近在忙什麼」等。雖說寒暄並沒有什麼實在意義,但正

第一章　開場制勝：說好開場話，人生贏一半

是由於這些話才使初次見面的人免於尷尬的境地。當然，要做到這一點也不是那麼容易，但只要注意以下幾點就可以避免你們的交談陷入僵局。

1. 要保持積極姿態

和人相遇時，要迅速調整好自己的情緒，表現出積極、樂觀、主動的一面，充分展現自己的真誠態度。讓對方在你的言行中感到自己被重視，自尊心得到滿足。同時，積極樂觀的態度也有自信、易於合作的外在表現，有利於人際關係的建立。所以，通常我們交談時，要面帶微笑、語調和緩、聲音洪亮。

2. 內容要適當

與陌生人會面的 4 分鐘內，最好在自我介紹後做一番一般性的寒暄（如問候、互通姓名），談論些無關緊要的話題，避免一些令對方尷尬、難堪的話題，不可觸及對方的痛處或者隱私以及有爭議的話題，也不可不著邊際地亂談。

小陳雖然離婚一陣子了，但還沒從傷痛中走出來。一天下班後，小陳偶遇同事小梁，小梁便把小陳介紹給妻子認識，妻子聽完小梁的介紹後張口便說：「你就是最近離婚的小陳啊，不是我說你，那麼好的老婆你怎麼就不知道珍惜呢？」小陳聽到

這話，再也沒有心情和小梁夫婦說話了，便悶悶不樂地獨自走開了。

寒暄的內容要看對方的心情如何。如果對方家裡剛剛發生了不愉快的事，神色鬱鬱，這時的開場白就要降低聲音，不能表現出過多的熱情，或採用慰問式的語氣來和對方寒暄。如果對方心情愉快，笑逐顏開，就可以採用熱情的方式和對方打招呼，投合對方的情緒，對方便可很快地進入交談。

男士和女士寒暄時，可以熱情一些，但要適度，注意開玩笑不能過分，語言不能輕薄。

寒暄時，言語的長短、內容的繁簡、往復的次數，都會隨著交談雙方關係的加深而有所變化。

3. 要注意場合、時間、季節

在公共場合結識新的朋友時，要有禮貌的寒暄，不能大聲喧譁，避免打擾到周圍的人。言行誇張、大呼小叫，都是沒有禮貌的行為。同時，要注意在比較正式的場合寒暄時，避免使用「口頭語」，行為舉止也不要太過隨便。

圖書館一向都是安安靜靜的，人們都專注於書本內容。一次，兩個女同學剛剛走進來，迎面遇到了另一位熟人，於是一個響亮的聲音傳出來，只聽其中一位同學說：「原來你就是她經

第一章　開場制勝：說好開場話，人生贏一半

常說的大美女雙雙啊，今天終於見到了，你可真漂亮啊！」圖書館裡的很多同學不禁皺起了眉頭，厭惡地看著她們。可見，這樣的寒暄和場合是不適合的，她們這樣做只會引起人們的反感。

寒暄是不能千篇一律的。在不同的地方，只要稍加留意周圍的環境，就可以自如地寒暄。比如，在校園裡遇到，可以問：「你也是去上課嗎？」；在菜市場遇到，可以問：「你也來買菜嗎？」不同的季節，也有不同的寒暄方式，如冬天可以問：「外面天氣很冷吧？」這樣的寒暄會讓初次見面的人覺得溫暖。與多個陌生人見面打交道時，不要只看一位，要環視大家，同時使用「你們」、「兩（幾）位」之類的字眼，不要讓人有受冷落的感覺。

總之，初次見面時，寒暄要適當，態度要溫和、熱情、有禮貌，不卑不亢，這樣才容易讓對方接受，從而使互動繼續下去。

活：語言鮮活，化沉悶為歡快

在講話溝通中，「語言鮮活」是人們常提到的一個概念，但也是交流中很難達到的一個標準。要想把語言說得鮮活起來，必須具備扎實的「嘴上工夫」和對事情的深刻理解，甚至是積極樂觀的生活態度，否則是不可能做到的。

> 活：語言鮮活，化沉悶為歡快

一次，某電視節目邀請了著名導演 A、A 的妻子 B 以及 C 等人。在現場，每當訪談稍顯沉悶時，只要 C 開口說話，氣氛立刻會變得不一樣，現場觀眾的笑聲與掌聲也會跟著熱烈響起。

當主持人談到家庭和個人理想以及夫妻相處的話題時，B 說：「我覺得生活中的點滴瑣事真的會將一個人對理想的堅持磨滅掉，尤其是和這樣一個非常有事業心的男人組合成家庭後，我覺得我應該去守護、保護他的理想。」

主持人道：「我覺得像這樣的女人很偉大。」B 連忙回答說：「不不不，我一點都不覺得偉大。我覺得我自己還是個比較傳統、守舊的人，家裡的男人才是偉大的，也是最主要的。當然，如果我嫁的是個小男人的話，我也會用我的力量撐起一片天的。現在的情況是我嫁的是這樣一個大男人，我需要做的就是一個小女人。」

主持人道：「他個子高，就讓他撐著囉。」這時在沙發另一頭坐著的 A 說道：「確實，如果每天沉浸在瑣碎的爭吵中，人都變瑣碎了。」

這樣的話題，本身就具有一定深度，如果繼續探討下去，很容易將整個氣氛引向深沉，觀眾也會充滿壓抑感，所以現場一片寂靜，觀眾席也鴉雀無聲。這時，C 一邊拿手比劃一邊說：「其實大家可以這樣說：我不能，我是做大事的人，洗碗？開玩笑呢，辦不到！」這句話說起來簡短，也沒有表現什麼微言大

第一章　開場制勝：說好開場話，人生贏一半

義，但在這種嚴肅的氛圍中突然說出，就像替現場注入了一劑強心針，臺上臺下的氣氛立即活躍起來，不斷充斥著掌聲和歡笑。主持人也不禁笑道：「這臺詞特別好，以後我也這麼說：洗碗？絕不！」大家又開始輕鬆地聊開了。

沒過多久，主持人向 A 提了一個問題：「那我再問一下導演，剛才 C 說，你以前說，『什麼結婚、什麼孩子，把我綁住是不可能的』，那後來為什麼這個人就能夠把你給改變了。」

一貫沉穩的 A 答道：「有一天，特別有意思的一個契機，我們倆那次是怎麼回事呢？好像是在海灘上度假，我記得有那麼一個畫面感。然後，有一個小孩，別人的小孩，提著個沙桶在那裡跑。然後她 —— 我猜她是無意的 —— 她說，你看這孩子要是朝你跑過來，突然叫你聲爸爸，你會是什麼感覺？她說完就轉身走向旁邊了，這件事留給我的印象特別深，所以我說生活中就有一個特別偶然的契機，一下子就讓人動了這個心思。（我想）不行，是時候結婚要個孩子了。這是什麼事？後來我想，這事就是長大了。」

A 雖然是講了一件過去的小往事，但其中傳達的意思對他本人來說，卻有一定的深意，再加上他本人性格中就似乎有那麼一點深沉，所以讓現場氣氛又變得沒之前活潑了。

主持人接著問 B：「當時，你說，那個小孩跑過來叫爸爸，你會怎麼樣？」B 回答：「我不記得這個畫面了。」C 又問道：「你

| 活：語言鮮活，化沉悶為歡快 |

當時不是以一個懷疑的態度說這件事吧？」主持人接著說：「可能就是一種感慨。」

這時，C口中又蹦出了一段鮮活的語言：「我剛剛聽他說這件事，差點樂了。我說他怎麼對這件事記憶這麼深刻呢？一個小孩突然跑到跟前就叫你爸爸，嚇一跳，這是什麼時候的事？」全場人都一邊笑一邊鼓掌。就連B也笑著歪倒在沙發上，並說：「這就是朋友啊！什麼玩笑都能開。」

訪談進入到後半段時，C聲情並茂地講起了他們在拍攝電影時，因為晚上地震而發生的故事：「去（拍電影）之前就開始地震，土石流什麼的。最開始之前，突然有一天晚上，我就聽到『叭』的一聲，好像有人晃我似的。我一看那個平板電腦已經拍倒了，然後整個（房間）都在晃。之前也剛大地震完，我們住在六樓，沒有電梯。我趕緊起來，說壞了。我敲導演的門：『老虎，老虎，地震了，地震了！』這位先生靠著門一看，說：『啊？我知道，沒事，經常震。』睡了。」在講述的同時，C還做出了蓋被子睡覺的動作。主持人也聽得身臨其境一般，說：「啊？太鎮定了。」導演回答：「習慣了。」

C之前多次介紹過，A是個非常嚴厲而且執著，又特別有電影理想和目標的導演，參演他執導的電影，往往要比其他很多導演的電影辛苦得多，特別是加上劇情原因，演員們每天都會累得不成樣子。在如此情形下，發生地震這樣危及生命安全

029

第一章　開場制勝：說好開場話，人生贏一半

的事情，即使是虛驚一場，大家都安然無恙，但事後回憶起來都難免心有餘悸，可從 C 口中講述出來，除了能讓觀眾彷彿身臨其境以外，感受更多的則是辛苦和危險之中夾雜的那些特殊樂趣。也就是說，C 透過鮮活的講述，把一件讓人覺得心驚肉跳又頗感僥倖的往事，講得活靈活現、情趣橫生，讓聽眾感受到了一種特別的體驗。

如果替「鮮活的語言」下定義，或者向人們解釋具體意思，好像是不現實的。我們只要留心日常生活中的體驗或感悟，或者仔細觀察別人交談的語言，就能從中發現有活躍氣氛、增進交流的語言，又有博人樂趣、使人在輕鬆愉快的狀態中受益的語言，這些基本都是比較鮮活的。我們平時可以累積這樣的語言，透過多次練習，就能讓自己的語言在交流中鮮活起來。

具體來說，可以做到以下幾點：

1. 語氣抑揚頓挫

在說話過程中，讓自己的語氣抑揚頓挫起來，而不要一直平淡陳述，這樣即使你大腦中儲存的詞彙量較少，也通常能使你的表達鮮活起來。這就像寫文章一樣，再好的故事情節，如果只是平鋪直敘，讀起來也是陳乏無味的。說話也是如此，如果只用一種語氣，一個調子，那麼無論說的內容多麼豐富，都

> 活：語言鮮活，化沉悶為歡快

不會引起人們的興趣；相反，如果語氣抑揚頓挫，即使簡單地敘述，也能帶來非同尋常的感染力。

2. 適當結合表演

這裡所說的表演，並不是使用很誇張的動作和語言，或者誇張的面部表情——那樣會讓人覺得你很輕浮——而是在你說話過程中，適度地新增一點身體語言，既讓聽眾不覺得你很「花哨」，又能對你的表達發揮一定的輔助作用。加入適度的表演，不僅可以讓你身心感到放鬆，還可以帶動和刺激你組織語言的能力，使得表達更加順暢。

3. 恰當使用修辭

修辭方法不僅僅適用於寫作中，對於日常的口頭表達也同樣適用。試想一下，對於你想說的內容，一時想不起來用什麼樣的語言來表達，如果可以用一句俚語、歇後語、雙關語，或者一個比較精確的比喻、一串氣勢很足的排比句等等來描述，就能使你所說的內容充滿感染力，使你的語言鮮活起來。不過，要注意使用修辭手法，貴在恰當，不能為了使用而使用，如果那樣的話可能就會因為用詞不當而鬧出笑話。同時，恰當使用修辭，也是對你平時詞彙累積的考驗。只有提前儲存於大

第一章　開場制勝：說好開場話，人生贏一半

腦中，才能恰逢其時地信手拈來。從這個意義上來說，要想讓自己的語言變得鮮活，也離不開平時的學習和累積。

4. 帶動歡快情緒

每個人都有這樣的體驗，當心情不好時，做任何事情都提不起興趣，當然談不上做事高效率和發揮出高水準了；當情緒頗高的時候，彷彿做什麼事情都有動力，對周圍的一切都有興趣，做事效率很高，還常常會超常發揮，這就是心理因素的強大作用。生活中，我們要學會調整自己的情緒，讓自己的情緒始終處於正面、愉悅的狀態。情緒調整好了，才會放鬆下來，做事才會積極，大腦也會靈活多變，處理起事情來也就更加順暢自然。這樣一來，當你說出一句句鮮活的語言時，或許都會被自己驚到。

第二章　智者之言：
想清再開口，說話更得力

　　日常交際中，自然放鬆的語言能夠為人帶來如沐春風的精神享受，無形中強化了個人的人格魅力。不要害怕，不要訥言，說話之前放鬆心態，想好說什麼再開口，接下來，勇敢地說出你想說的話，只要方法得當，你的表達將收穫滿滿。

第二章　智者之言：想清再開口，說話更得力

放鬆心態是完美表達的關鍵

　　性格內向、不善言談的人總是羨慕那些侃侃而談的談論者，常常責備自己說話不能像他們那樣自如。其實，他們缺少的只是一顆放鬆的心，如果做事總是小心翼翼，那怎麼能做到大方灑脫呢？

　　當我們看到電視上的那些名人訪談節目時，是否都會對主持人無論面對什麼樣的對象都會從容應對、談笑風生而感到好奇呢？大風浪見多了，總是會有一顆平和的心。可能在剛開始的時候，主持人主持節目並沒有那麼輕鬆自在，只是因為見識多了，心態更平和，才能對各種人物和事情從容應對。

　　作為成年人，我們會時常鼓勵自己：遇到困難時要放鬆，緊張的時候要放鬆，唯有放鬆才能解決現在的困境。可是當我們真正遇到問題時，又有誰能夠真正做到放鬆呢？

　　工作的壓力、生活的煩惱都是束縛我們的枷鎖，其實我們大可不必將這些都背負在身上，選擇放下，就會變得輕鬆很多。

　　事實上，我們完全沒有必要強迫自己做什麼，讓事情順其自然不是很好嗎？所有的事情就像是手裡的沙子，握得太緊或許失去得更多。放鬆心態對現代人來說不僅僅是一句話的事，更是一種應該追求的生活態度。

放鬆心態是完美表達的關鍵

趙玲是一名大學老師，她五十歲的時候，決定結束自己的教學生涯。

這天，趙玲在大學禮堂上完了自己的最後一堂課，正好看見有一隻小鳥停在窗外不停地叫著。趙玲出神地打量著小鳥，許久，轉過身來對身邊的同學們說：「對不起，同學們，我要失陪了。因為我和春天有個約會。」說完，她微笑著離開了課堂。

現在，失業和退休已經成為人們痛苦的來源。因為這意味著他們可能沒有發揮自己才能的機會了，但是，趙玲卻用另外一種人生態度面對這件事。可能一件事在我們看來是生命的全部，可是，一旦你真正失去，你會發現原來並沒有那麼不可忍受。只要你有一種豁達的心態，時刻放鬆自己，就會發現生命中還有另外的美麗景色。趙玲用一種詼諧幽默的方式結束了自己的教學生涯，這正是一種灑脫的生活態度。

許多人都覺得現在的生活讓人倍感疲憊，這似乎是一個非常奇怪的現象：現代社會為我們提供了越來越豐富的物質生活、文化生活，然而越來越多的人感受到的平和、安寧和快樂卻越來越少。應該說，我們現在有多種多樣的選擇，可以利用各種機會和手段去選擇做那些使自己高興的事，可事實卻恰恰相反，工作累、生活累成了現代很多人的真實寫照。現代社會是個快節奏的社會，怎樣調整這種由壓力造成的緊張心態成為現代人們的必修課。

第二章　智者之言：想清再開口，說話更得力

如果工作緊張、勞累，就要學會運用 80/20 法則，首先分出 80%的次要任務和 20%的主要任務，優先做好 20%發揮著關鍵作用的工作；其次要改善工作環境，調節好自己的情緒，**讓緊張化解在愉快之中**，提高工作效率，促進工作品質。

要記住，不畏艱難才能達到心神泰然。我們一旦正視了困難，就會發現它並非我們想像中的那樣麻煩。

作為一名新聞記者，劉文梅非常膽怯怕生。有一天，她的上司叫她去訪問一位成功的企業家，劉文梅大吃一驚：「我怎麼可以要求單獨採訪他？他都不認識我，怎麼可能接見我？」

她的同事王悅見她如此害怕，便對她提了一點建議：「劉文梅，我們平時關係非常好，對於上司安排給你的這個任務，其實我是非常羨慕的，為什麼你這麼害怕呢？」

劉文梅說：「我一向膽小，性格內向，我覺得自己編輯新聞稿件比較拿手，採訪對於我來說簡直是一個噩夢。」

王悅說：「你看我性格比較外向吧，但一開始的時候我也很害怕。說實話，我現在之所以能收放自如地進行採訪，最關鍵的就是第一次嘗試。」

劉文梅仍猶豫不決，王悅又說道：「緊張到出汗，這種體驗非常不好受，我深有體會，但如果你經歷過以後，嘗到了成功的滋味，那麼，以後的採訪不管有多難都不再是難題了。」

王悅拿起電話，把話筒交給劉文梅，鼓勵她說：「試試吧，成功在此一舉。」

此時的劉文梅已經出汗了，但她還是把電話打到了那位企業家的辦公室，對企業家的祕書說：「您好，我是明星報的劉文梅，我打算採訪一下你們的經理，不知道他今天能否給我幾分鐘時間？」對方給了肯定的答覆，劉文梅接著說：「謝謝你，一點十五分，我準時到。」她把電話放下，喜出望外地對王悅說：「我完成採訪預約了。」

王悅說：「祝賀你，你成功了！」

多年以後，劉文梅成了一名著名記者，她提道：「從那時起，我學會了單刀直入的辦法。雖然很不容易，卻很有用。我每次克服了心中的畏怯，下次就更容易一點。」

人每天都有困難需要面對，而那些能夠成功的人，往往都是一遭遇到困難就立即去解決的人。這種不畏艱難的作風，就是達到心神泰然的最好方法。

開口說話前想好對方要說什麼

開口說話準備說服他人之前，可以先剖析一下對方，揣測一下對方的態度、說話的語氣和內容，預先設想一下自己應該

第二章　智者之言：想清再開口，說話更得力

怎樣回答，這樣，才能做到有的放矢，增大說服的力度。

方方的作業總是寫得非常潦草。老師將方方叫到辦公室，拿出一本字跡工整的作業本遞給他說：「你看這位同學的作業寫得如何？」

方方看了一眼，不說話。

老師又拿出一本字跡更加潦草、錯誤頻繁的作業給他看：「這本呢？」

方方說：「跟我的一樣。」

「你再瞧瞧這兩個作業本上的名字。」老師溫和地引導他說。

這一回方方疑惑了：「竟然都是李林寫的？」

老師抓住時機，認真地說：「差的那一本是李林去年寫的作業，這一本是他現在的作業。你與李林去年的情況幾乎一樣，但李林經過半年的努力，就可以寫出工整漂亮的作業，老師相信你也肯定會像李林那樣的。」

老師這段談話，言此意彼，既維護了學生的自尊，又達到了鼓勵他進步的目的。其實，這位老師已經預想出學生的每一個回答，然後他根據學生的回答順勢勸導，發揮了較好的說服效果。

「凡事豫則立，不豫則廢。」說話也是如此。我們在回答對方之前，心裡一定要有個數。事先知道對方說什麼，才能對答

如流。而且我們的回答也要為對方再次的「刁難」鋪好路，引導對方說出自己想要的答案。

　　辦事要講求原則，又要講究靈活性，盡量做到原則性與靈活性的統一。當別人問一些你不想、也不能告訴對方的問題時，尤其是一些涉及機密的問題時，你就應該事先想好怎樣回覆對方，既能保住祕密，又不因直言「無可奉告」傷害對方的自尊。

　　富蘭克林・羅斯福（Franklin Roosevelt）在當總統之前，曾在海軍部擔任要職。有一次，他的一位好朋友向他打聽海軍在加勒比海一個小島上建立潛艇基地的計畫。

　　羅斯福神祕地向四周看了看，壓低聲音問道：「你能保密嗎？」

　　「當然能！」朋友脫口而出。

　　「那麼，」羅斯福微笑地看著他，「我也能。」

　　實際上，羅斯福在對朋友說「你能保密嗎？」這句話時，他就已經預知了朋友接下來會說什麼，因此，羅斯福巧設語言機關，以含蓄幽默的方式回覆對方，表現了他高超的語言藝術。在朋友面前，他既堅持了不能洩漏的原則立場，又沒有使朋友陷入難堪的境地，獲得了極好的語言交際效果。以至於在羅斯福死後多年，這位朋友還能愉快地談及這段總統軼事。

第二章　智者之言：想清再開口，說話更得力

站在對方立場上的表達更具說服力

　　站在對方的角度說明問題，會讓對方有為人著想的感覺，這比起投其所好，更具有說服力。

　　麥克是美國某鋼鐵公司的總經理，他很想為公司物色一棟新房子。於是他請來某房地產經紀人貝蒂，對她說：「貝蒂女士，我們公司的房子是租別人的，我想還是擁有一棟自己的房子才好。您能幫我這個忙嗎？」

　　「當然可以。您對房子有什麼要求嗎？」貝蒂問道。

　　「我想，買的房子最好也能看到這樣的景色，或是可以眺望港灣的，請您幫我物色一棟條件相當的房子吧！」麥克用手指著窗外說。

　　貝蒂順著麥克辦公室的窗戶向外望去，只見江中船來船往，十分繁華熱鬧。

　　回去以後，貝蒂用幾個星期的時間來思索這棟條件相當的房子。她又是畫平面圖，又是估預算，但這些東西沒有一點實際用處。

　　但是誰都沒有想到，她這次竟然僅憑兩句話和 5 分鐘的沉默，就賣給了麥克一棟房子。

　　在麥克鋼鐵公司的隔壁有一棟樓房，可以眺望江景，麥克

似乎很想買那棟房子。當麥克第二次請貝蒂去商量買房事宜時，貝蒂極力勸他買鋼鐵公司目前租住的這棟舊樓房，同時提醒麥克說：「隔壁那棟房子所能眺望到的江景，不久就會被一棟計劃中的新建築遮擋住，而這棟舊樓房依然可以眺望江景很多年。」

麥克當即對貝蒂的建議表示反對，並竭力表示他對這棟舊樓房絕對無意。貝蒂並不急著爭辯，而是認真地傾聽，腦子飛快地轉著，麥克心裡究竟是怎樣想的呢？他堅決反對購買這棟舊樓房，但是他反對的理由都很瑣碎，可以明顯看出，這並不是他本人的意見，而是那些主張買隔壁樓房的員工們的意見。貝蒂聽後，心裡頓時明白了八九分，她知道麥克說的並不是真心話，他真正想買的其實正是他口口聲聲說反對的這棟舊樓房。

貝蒂一言不發地坐在那裡，麥克也停了下來，不再說下去。這時貝蒂開始運用她的策略，平靜地說：「麥克先生，您剛來紐約的時候，您的辦公室在哪裡？」

「這裡。」麥克緩緩地回答。

貝蒂接著又問：「鋼鐵公司是在哪裡成立的？您的事業是在哪裡誕生的呢？」

「這裡。」麥克說得很慢。

於是，貝蒂也不再說什麼。就這樣過了 5 分鐘，他們都默默地眺望著窗外。

第二章　智者之言：想清再開口，說話更得力

終於，麥克以略帶興奮的腔調對貝蒂說：「我手下的員工們幾乎都主張搬出這棟舊房子，不過這是我們的發祥地啊！我們的事業是在這裡誕生和發展的，這裡是我們應該永遠長駐下去的地方呀！」就這樣，麥克最終決定買下這棟舊房子。

貝蒂之所以會成功，就在於她從與麥克的交談中思索出了麥克心中的真正想法，說出了麥克想說但又說不出口的話。可見，面對不易被說服的人，最好的辦法就是，使對方認為你與他是站在同一個立場上的。站在他人的立場上，幫助別人分析問題，就能給人一種為他著想的感覺。這種換位思考的說服方法，往往具有非常強的說服力。

通常而言，當你想要和說服的對象進行較量時，雙方都會築起一道防範心理的牆，尤其是在危急關頭。這時，如果想要成功說服對方，首先就要將對方的防範心理徹底消除。那麼，怎樣才能將對方的防範心理消除呢？

從潛意識層面來講，防範心理的產生源於一種自衛，即當人們把對方當成假想敵時產生的一種自衛心理。想要消除這種自衛心理，最好的辦法就是反覆給予暗示，向對方表示自己是朋友而非敵人。這種暗示可以採用多種方法進行，比如，噓寒問暖、給予關心或幫助等等。

心理學家為銷售人員提出了一種非常有效的銷售方法，就是要求銷售人員將自己想像成客戶，從客戶的立場與角度出發

思考問題，說客戶希望聽到的話。

但是在現實的銷售過程中，銷售人員往往喜歡站在自己的立場上思考問題，說自己想說的話。比如：自己的產品如何好，如何與眾不同，能為客戶帶來怎樣的利益和好處等。但客戶往往不想聽這些，所以銷售人員在說話之前，一定要事先考慮一下。唯有把每一句話都說到客戶的心坎裡，才有希望贏得客戶的「芳心」。

那麼，銷售人員怎樣才能把話說到客戶心坎裡呢？這就要求銷售人員設身處地地替客戶著想，了解客戶的態度和觀點，站在客戶的立場上說話。因為，這樣不但能實現與客戶的良好溝通，還可以清楚地了解客戶的思想軌跡和「軟肋」，從而擊中客戶的「要害」，贏得銷售的成功。

讓對方在催眠中自我說服

我們在這裡所談到的「催眠」指的是交談式催眠，即透過交談使對方進入一種更容易接受你影響的狀態。這種催眠模式的基礎是「聯想」，也就是說把真正想表達的意圖隱藏在所說之話的背後。讓對方聯想接受你的想法可以為他帶來的利益，聯想享受你的服務可以為他帶來的好處；聯想不接納這個想法可能

043

第二章　智者之言：想清再開口，說話更得力

產生的一些損失。這種聯想會令對方對你的講話印象深刻，並將產生讓其自我說服的絕妙效果。

孫雪最近報名參加了一個健身俱樂部，但總是覺得自己一個人去沒什麼樂趣，於是，就想勸說自己的好朋友小娜一起去。

孫雪對小娜說：「和我一起去健身吧，可以減肥的！」

「是嗎，但是我覺得工作已經很累了……怕自己堅持不下來啊！」

孫雪看到小娜有點猶豫，又對她說道：「這可能需要一點毅力。不過你想，當你運動完之後，洗個熱水澡，然後躺在床上，那種放鬆的感覺是多麼舒服。」

說著這話時，孫雪仰起頭、深吸一口氣、閉著眼，做出一副非常享受的表情，就好像自己在體驗那種全身放鬆的感覺。

小娜看到她這樣的表情，聯想到自己健身之後會產生的舒適感和減肥效果，非常渴望自己能獲得那樣的體驗。於是她開心地答應了孫雪一起辦健身卡去運動。

透過描述性語言的介紹，對方很容易產生一種愉悅的感覺，這便是催眠式語言所產生的推動力與感染力。

一些特殊的語句可以使對方在無形中進入你的催眠模式，促使對方按照你的意圖進行活動。當你想讓一個朋友和你一起去吃飯的時候，你可能會說：「那家店的水煮魚很好吃，在那裡

你可以自己選擇烹製辣味程度,我們去那邊吃吧。」這就是一種催眠式話語,你引導別人開始去想像一件事,並進行一定程度的催眠。

以下這些都是催眠式話語:「你也許想參加這個課程的培訓,親身感受一下培訓效果。」、「您是否感覺到穿上這件襯衫非常有精神?」、「你願不願意到這個公園裡走走,那樣,身體會感覺很舒服的。」、「你有沒有興趣到新成立的部門當一名業務員呢?」、「如果我有辦法,你願意嘗試一下嗎?」、「你覺不覺得和我一起合作讓你感覺十分輕鬆?」……

具體方式如下:

1. 設定因果法

設定因果法的典型句式是「為了……請你……」或者「為了……所以……」。

如果你注意觀察就會發現,人們往往很注重做事的原因,如果你直接要求一個人去做某事而不說明原因,對方一般都會有反抗心理,因為沒有人願意不明不白地去做某事。

經過下面兩句話的對比,大家就清楚了解了。

A:請你們保持安靜,不要竊竊私語。

B:為了保證我們有個良好的學習環境,同時表現每個人的

第二章 智者之言：想清再開口，說話更得力

良好素養和修養，請大家在聽講座的過程中保持會場安靜，不要竊竊私語。

對此，能很容易做出判斷：B比較容易被人接受並獲得配合。

再看下面這樣的話術：

A：明天我們去圖書館吧。

B：為了使我們的論述更具有科學性，明天我們去圖書館查看一下參考資料，好吧？

在這個話術當中需要注意的是：當你想要對方給予回覆的時候，最好不用「如何」的問法，因為這樣等於把主動權交給了對方，你可以用「好吧」這樣的詞語為問題設定了附加條件，並稍微加重語氣，如此，對方做出反對意見的可能性就會很小。

2.N＋1語言模式

什麼是N＋1語言模式？這種語言模式就是先向對方設定幾個疑問，然後給出答案。

「你想讓肌膚保持緊緻而富有彈性嗎？你想在一個月之內減掉10公斤的體重嗎？你想讓朋友們都對你投來羨慕的目光嗎？現在，你只需要投資888元，就可以獲得這套減肥美體禮盒。」這就叫做N＋1語言模式。這一表達方法的前面的問題個數，可以視情況而定。

應用交談式催眠所表達的語言能夠直接抵達對方的潛意識，向對方的大腦給予強大衝擊，它會讓說服對象沉浸在你的催眠話語中，從而認可你的想法。

讓對方感覺你是「自己人」

在進行說服工作時，最重要的一點是要先清除對方對你的警戒心理（這是人們出於本能的自衛心理）。因此，在你開始運用說服術之前，一定要掌握對方的偏好，並使自己盡量向對方靠攏，讓對方感覺你是「自己人」。

案例一：

一位校長在向高三的學生做講座時是這樣開頭的：「親愛的同學們，我也曾經歷過像你們今天這樣的學生時代，也曾經歷過『十年寒窗苦』的過程，我深知作為一名學生的目標和夢想。我和你們的想法和希望是一樣的，希望你們能夠抓住這有限的時間，完成無限的進步和成長，獲得自己滿意的成績，這也是你們的父母和我的共同期盼，更是新時代對於你們的殷切寄望！」

在這段話中，校長很好地用「自己人效應」拉近了自己與學生們之間的心理距離，達到了吸引聽眾的目的。

第二章　智者之言：想清再開口，說話更得力

案例二：

　　一個會展公司想承辦一家知名企業的十週年慶典，會展公司的人員在與這家企業的老闆碰面之前詳細查閱了這位老闆的創業歷程，發現這家企業在成立之初成績平平，但在一次競標中，這位老闆在目標公司的門口等了十多個小時才等到了他想見的老闆，並在短暫的溝通中成功說服對方，從而為企業贏得了重要的發展機遇。於是，會展公司的人員在會面中說出了這位老闆的這個故事，請他今天也給予自己一個同樣的機會。聽到這些話，老闆一下就將對方和自己曾經的經歷連繫到一起，從而，大大減少了對對方的陌生感。

　　結果可想而知，老闆充滿感慨地採納了這個公司的建議。

　　社會心理學上有一種效應叫「自己人效應」，就是說要使對方接受你的觀點、態度，就要想方設法地讓對方把你與他歸為同一類型的人。人們總是喜歡和與自己相似的人在一起，所以往往對「自己人」所說的話更信賴、更容易接受。有一句社會心理學中的名言是：「假如你想說服人們你是對的，讓人們按照你的意見去做，那麼，只是向人們提出良好的建議還遠遠不夠，你首先必須讓人們喜歡你，否則，你的意圖就會失敗。」

　　這個效應不僅適用於人們初次見面，同樣也適用於人們對熟人的說服。有句俗話叫做「話不投機半句多」，而讓對方感覺「投機」的方法之一便是抓住對方的「自己人」心理，讓對方樂意

讓對方感覺你是「自己人」

接受你的說服。

如果你試圖改變某人的想法，那麼你越是使自己等同於他，你就越具有說服力。「你也喜歡唱歌嗎」、「你也愛釣魚嗎」、「我們的工作性質很接近呀」……在諸如此類的話題中，一旦找到共同點或相似點，那就要趕快利用起來。要知道，你越讓對方感覺到彼此的相似點很多，你的說服效果就會越好。

我們可能經常碰到過以下的情形，和陌生人初次見面時，經常會以詢問籍貫、畢業學校之類的問題作為開場話題，有時候雙方會驚喜地發現對方是自己的老鄉或校友。這樣，無形中就可以與對方攀交情，拉近彼此間的心理距離。接下來，如果有什麼事想要請對方幫忙，說服的過程就比較容易了。其實，我們已經在這個過程中不自覺地應用了「自己人效應」。

因此，我們可以在談話中插入一些可以讓對方感覺有相似感的話題，比如雙方的經歷、愛好、興趣、價值觀以及家庭背景等，尋找一些共同點，從而與對方成為某種意義上的「自己人」。一旦消除了對方心裡上的屏障，對方便會消除內心的戒備心理，這樣才有可能接納你的說服。

此外，應用「自己人效應」還要圍繞以下兩個原則進行。第一，讓對方有平等的感覺。說服他人的過程，其實也是角色互動的過程。想要對方願意傾聽你說的話，你就要讓對方感覺地位平等，如果動輒就擺出一副居高臨下的態度，用說教式的口

第二章　智者之言：想清再開口，說話更得力

吻和對方交流，多半都會讓對方討厭你；第二，要讓對方感覺到你對他感興趣。有一句平常卻富有深意的話這樣說：「要使別人對你感興趣，那你首先要對別人感興趣。」在說服他人的過程中，我們應當用「自己人效應」來引導他人對我們的心理定位，從而使彼此之間建立良性的互動關係。

用數字說話，讓自己的表達更權威

數字是透過數量來說明事物特點或事理的最精確、最科學，又最有說服力的依據。

小王是一家生產印表機公司的業務員，這天，他打電話給一家客戶：「您好，請問張經理在嗎？」

「我就是，您是哪位？」張經理接到電話說。

「我是 S 公司印表機服務部的小王，我這裡有您的資料紀錄，貴公司去年購買了我們公司的印表機，對嗎？」

張經理：「哦，是啊！」

小王：「保修期已經過 7 個月了，不知道現在印表機使用情況怎樣？」

張經理：「好像你們上次來修過一次，後來就沒什麼問題了。」

用數字說話，讓自己的表達更權威

小王：「我打電話給您的目的是想告訴您，以後我們不再生產這個型號的印表機了，以後的配件也很貴，想提醒您在使用過程中盡量按照操作流程，您在使用時讀過說明書嗎？」

張經理：「沒有啊，還要讀說明書啊？用不著這麼複雜吧？」

小王：「實在沒有時間閱讀說明書也是可以的，但可能會影響印表機的壽命。」

張經理：「我們也沒想著要用一輩子啊，不過最近業務比較多，如果壞了你們負責修嗎？」

小王：「負責，但要收取一定的費用，不過還是比購買一臺全新的機器要便宜。」

張經理：「對了，現在一臺新的印表機多少錢？」

小王：「那要看是什麼型號的，您現在使用的是660N，後續的升級產品是660ND，您要挑選合適的型號還是要看一個月的列印量。」

張經理：「我們最近業務量比較多，列印量有時超過1萬張。」

小王：「要是這樣的話，我建議您考慮一下660ND，660ND的建議紙張使用量是一個月15,000張，而660N的建議使用紙張量是一個月5,000張，超過了這個標準將會影響列印機的壽命。」

第二章　智者之言：想清再開口，說話更得力

張經理：「你能留一個電話號碼給我嗎？年底我可能會考慮再購買一臺，也許就是660ND。」

小王：「我的電話是010-12345678，您也可以打我的手機091812345678。我查了一下，您是老客戶，年底會有一些優惠活動，不知道您什麼時候能確定購買，也許我能將一些好的優惠活動為您保留一段時間。」

張經理：「什麼優惠活動？」

小王：「660ND的市場通路價格是6,900元，如果作為660N的使用者購買的話，可以按八折來處理，或者贈送您一些贈品，主要看您的具體需求。這樣吧，您先考慮一下，然後再跟我聯絡。」

張經理：「你等一下，我要考慮一下，我們另外一個部門需要新增一臺印表機，這樣吧，基本上就算確定了，你送貨還是我們去取？」

小王：「都行，您要是很忙的話，我們就幫您送過去。以前我們去過您公司，知道地址，看您什麼時候方便？」

……

就這樣，小王只是打了一個電話，用了不到半小時，就賣出了一臺印表機。在這段對話中，小王在介紹印表機時，都是用數字來說話，從非常專業的角度為客戶介紹新產品，還說明了

公司的優惠活動。他能成功，不足為奇。

在銷售工作中，要想讓客戶做出購買決定，就需要用精確的、有力的依據說服他，用數字說話就不失為一種好方法。

那麼在說服他人時，如何用數字說話呢？

首先，要為你的論點準備充足的數字證據，足以讓質疑你的人信服為準。其次，論證自己的觀點時，切不可前後矛盾。最後，多用比例說話，引用的數字不能模糊，越精準越有說服力。

適當的「威脅」，說服更奏效

適當地運用「威脅」策略可以提高說服力。這裡的「威脅」是指在說服中告訴對方如果不這樣做，將會產生哪些消極的結果，而這些結果都與對方的利益息息相關，從而讓對方產生壓力。人們為了緩解這種壓力，就會不由自主地接受你的建議。人們越是認為可能出現的狀況很糟糕，就越是難以拒絕你提出的解決方法。

周同打算做一個專案，想找一個同事一起來做。當他將自己的想法告訴同事小徐的時候，小徐有點欲言又止，猶豫不決。

看到小徐的反應，周同說：「你不是一直想找個專案鍛鍊一下自己嗎？這個機會可是不錯的。」

第二章　智者之言：想清再開口，說話更得力

小徐說：「是嗎，這個專案有什麼特別的嗎？」

周同說：「這個專案會應用到目前最先進的技術，我們為此已經購買了大量的設備和材料。這些都是我們以前沒有嘗試過的。」

小徐說：「嗯，說的也是啊。」

周同說：「況且，你在公司裡面現在也不是特別受重視，要是藉這個機會展現一下自己的才能，說不定能夠得到晉升的機會。再說，公司現在正在招兵買馬，大量引進高學歷人才，要是等到別人做出成績，你目前的職位恐怕都會有危險。你要是真的失業了，你們一大家子人誰來養活啊⋯⋯」

「好了，別說了。我和你一起做！」沒等周同說完，小徐便爽快地答應了他。

在說服別人的過程中，對別人進行適當的「威脅」是有助於成功的。運用此方法來勸說別人時所使用的「威脅」並不是真正的威脅，而是以此使對方懂得利害關係，使其產生一定的壓力。「威脅」策略的重點應該落在對於消極後果的說明上，這樣才能發揮說服的作用。

現實中，有時候說服者不太敢用這種「威脅」策略，生怕談糟了弄得雞飛狗跳。但是，懂得說服技巧的高手卻都非常偏愛這種方法。他們會想方設法地探究對方的真實意圖，摸清了底

牌,就掌握了談判的主動權。這時再以什麼方式獲勝,便不是什麼難題了。在談判中,當你有十分把握的時候,不妨適度地「威脅」一下對方。

「威脅」能夠增強說服力,我們可以用友善的「威脅」對對方巧設壓力,從而達到說服的目的,但是在運用這一策略時,要注意以下幾點:

1. 態度要友善,不要讓對方感覺你是真的在威脅他,而是讓對方明白你是在提醒他一個被忽略的事實。

2. 用道理闡明論點,並明確地告訴對方結果是什麼。

3.「威脅」要掌握火候,切忌言辭偏激,否則就會弄巧成拙。

要讓對方明白,現實可能比想像的嚴重,所以聽取你的意見就是最好的選擇。要讓對方知道,主動地接受建議總比被迫接受你所描繪的「可怕結果」要好很多。所以,應用這一技巧的關鍵點就在於一定要對你所「威脅」的內容進行最生動的描繪,那樣,對方才會有所觸動,不敢怠慢。

說話簡明扼要,不做「囉唆先生」

我們都會有這種感覺,跟那些說話語無倫次、拖泥帶水的人溝通起來會很費力。這樣的人,除了讓你搞不清楚他究竟要

第二章　智者之言：想清再開口，說話更得力

說什麼以外，還浪費你的時間，搞得人心情很煩。因此你只想早早地結束跟他的談話，甚至有時會直接打斷跟他的談話。囉唆，是溝通交流中的一大缺點，它會直接阻礙你的日常交流。

小燕最近想在市區買房子，於是，就趁週末去接待中心了解一下情況。接待她的是位二十出頭的小女生。因為小燕工作時間很忙，現在住的地方離這邊接待中心又很遠，她不想把時間一次次地浪費在路程上，所以就想知道新房子什麼時候開賣，價格是多少，以便回家後也能跟家人商量。

「是這樣的，因為蓋一棟樓的話，我們首先要有土地證，有了土地證再去申請規劃證，而樓層要高出地面兩層才能辦建築證，辦完了建築證才能辦預售證，辦了預售證我們才能對外銷售。現在我們的部門剛完工，其他手續還沒有辦全，公司說了正在抓緊時間辦，但是……」那個銷售員囉唆地講了一大堆。

「請直接跟我講什麼時候開賣，價格是多少！」小燕不想再聽她講這些無用的資訊。

「是這樣的，女士，你是怕我們的價格高嗎？放心吧，相比較周圍的房地產，我們的價格肯定是最低的。就拿去年 6 月跟我們一起開賣的某地產，同樣的地段我們的價格比他們低了 4,000～5,000 元，而且我們這邊的客戶，如果開賣當天交頭期款的話，樓層間還會再減免一部分差價，並且放款總額還會再減 50,000 元，還有……」

不等這位銷售員講完，小燕就拂袖氣憤地推門離開了。

當今社會是一個高速發展的社會，無論是工作還是生活中，做什麼事情都需要快節奏，在溝通交流的語言上也是如此。在新時代快節奏的洪流的壓迫下，穿靴戴帽、冗雜繁長的客套話，慢慢地受到了排擠和摒棄。好的語言往往不在於多，只要精準達意就行。這樣就需要我們對自己的語言進行蒐集、篩選跟簡化。

首先，蒐集就是要對我們所要講述的話題或者回答的問題進行廣泛的資料蒐集，以及對內容真實性的驗證。

跟別人彙報或者交流之前一定要先弄清楚自己想要告訴別人什麼，或者別人想從你口中聽到什麼。在你自己還不清楚明白的情況下，或者相關問題的資料沒有準備好、真實性沒有得到驗證的情況下，你只會越說越沒有信心，哼哼唧唧地浪費時間。

交流之前就要先把準備工作做好，要提前考慮到交流中可能出現的問題，想要了解的問題也要提前準備好，這樣才能提高我們的溝通效果。

其次，篩選就是過濾不必要的語言，留下最主要的。

很多人講話的時候喜歡把自己的一些小毛病帶進去，比如「嗯」、「啊」、「我就是說……我就是說……」、「哎呀」、「天哪」等。雖然這些詞語有時候能讓我們引起他人的注意，加強我們的語氣，但是，一句話中出現多次這樣的口頭禪，會擾亂聽者

第二章　智者之言：想清再開口，說話更得力

的思考注意力，他可能只顧聽你「嗯嗯啊啊」的，而沒有聽清楚或者真正理解你要表達的主要內容。

還有些人一開始跟你開口講話時，腦子裡其實是沒有東西的，他不知道跟你怎樣開始，於是就跟你東扯西扯地講一些不著邊際的或者別的話題來拖延時間，等自己後面想到了真正的問題或者話題，再接著順杆爬。其實，他前面講的一大段都是廢話，完全可以刪除。

最後，簡化的意思很簡單，就是把你的語言壓縮，把你的語句縮短。

很多人喜歡在跟別人談話時運用重疊語。如「我的天哪，我的天哪」。其實明明一個「我的天哪」就能表達出的驚嘆之情，為什麼非要再加上一個「我的天哪」呢？

還有人說話時的語言意思重複，如「我覺得，可能……」、「我誠惶誠恐，坐立不安」等。「我覺得」之後就可以直接往下說主要內容了，幹麼要加個「可能」呢？「誠惶誠恐」跟「坐立不安」意思基本一樣，也沒必要把它們倆都說出來。

更有意思的是，有些人喜歡用一些形容詞，如「我深深感到……」，在這裡，如果把「深深」去掉，是不是想要表達什麼就能直指核心了呢？

說話簡明扼要、精準達意是一個人擁有果敢性格的表現，

也是一個人認識能力和思考能力超強的表現，更展現了一個做事果斷的現代人應該具有的精神面貌。簡明扼要、精準達意的表述可以增加你語言的魅力，是作為一個現代人應該具備的一項說話技巧，它可以讓你更輕鬆地說服和感染他人。所以，日常溝通交流切忌做「囉唆先生」！

問對問題，就攻占了人心

問問題也是一門學問，其中有很多技巧。問問題的方式決定了你能得到怎樣的答覆。所以，問問題的時候要先想好應該如何去問，有時候換一種方法去問，可能會讓你有新的收穫！

案例一：

保險業務員：「請問王先生，對您來說，一生中什麼是最重要的？」

王先生：「當然是家庭。」

保險業務員：「真的沒有比家庭更重要的了嗎？」

王先生斬釘截鐵地說：「沒有。」

保險業務員：「那在您看來，有沒有責任讓您的家人過得更幸福、更快樂呢？」

第二章　智者之言：想清再開口，說話更得力

王先生：「當然有了，讓我的家人更幸福、更快樂一直都是我奮鬥的目標。」

保險業務員：「是的，那您有沒有想過，去做一些對您的家人更長遠有利的事情呢？」

王先生：「比如說呢？」

保險業務員：「假設我有一些計畫，能夠讓您更好、更長遠地為您的家庭做一些考慮，您有沒有興趣了解一下？」

王先生：「當然有了。」

保險業務員：「您明天或是後天有空嗎？我可不可以去拜訪您，然後我們好好就這些計畫聊一聊？」

王先生：「好的，那明天下午兩點，你來我家吧！」

很少有人會願意被人說服，要說服一個人，最好的方式就是讓他自己說服自己。藉助問題，引導對方自然而然地進行某些思考，是最好的說服方式。具有好的溝通能力的人，都是問得比較多的人。

案例二：

一次，王卓和助理一起前往一家公司商談業務。

助理問：「馬先生，您看我們公司目前跟哪家公司合作呢？費率是多少呢？」

客戶挑著眉頭:「這個不方便透露,你們先報個價吧!」問題又原封不動地被退了回來。

這時王卓親自出馬:「馬先生,您公司業務規模這麼大,一定經常跟保險公司打交道吧?您對之前的合作夥伴評價如何?」

客戶說:「還不錯!」接著,客戶對前一家進行了一番簡單的評價。王卓繼續問道:「您看您對我們這邊的要求是什麼呢?」

這一提問引出了客戶的話題,他聊了很多,透露了不少情報給王卓。

王卓談起經驗說:「只要客戶在說,我們就能獲得資訊。在費率這個核心機密方面,助理這樣問是不對的,我們不必直接詢問客戶的費率,如果能了解到客戶年投保金額,再了解到他們年保險費,不就可以推算出大概的保險費率了嗎?而年投保金額和年保險費這兩個資料可以在跟客戶聊天中不經意間獲得,也不會引起客戶的警覺和反感。」

開放式提問可縮短雙方心理、感情距離,但答案鬆散,難以深挖。封閉式提問能夠讓回答者按照指定的思路去回答問題,答案範圍較小,但對回答的內容有一定限制,並且有時對方能夠意識到你的用意,會跳出你的「圈套」。因此兩種提問方式都要靈活運用。

第二章　智者之言：想清再開口，說話更得力

在說服他人時，「問什麼？如何問？什麼時候問？」發揮著至關重要的作用。

1. 提問的方式

提問的方式主要可以分為開放式提問和封閉式提問。開放式提問一般是類似「您能談談您的看法嗎？」、「您有些什麼想法呢？」等問法，對答案不做限制，完全讓對方自由發揮，想怎麼回答就怎麼回答；而封閉式提問則如「您喜歡林黛玉還是薛寶釵？」、「先付50%貨款，另外50%要等驗貨後再付，對嗎？」提問人對問題設定了目標，對答案限制了範圍，讓對方只能從中進行選擇。

開放式提問有利於啟發對方思考，一方面可以了解對方的想法，另一方面也可以滿足對方表達的欲望，使雙方建立起和諧融洽的關係。

封閉式提問則有利於引導對方的思考，將對方的答案控制在自己需要了解的範圍內，從而接近談話的目的。

2. 掌握提問的時機

提問要選擇有利的時機。提問的效果不僅取決於提問的內容、方式，還取決於環境條件。影響提問的環境因素很多，如

當時的氛圍、社會風氣等。我們要根據具體情況，抓住最有利的溝通時機。時機不成熟不要倉促行事，貽誤時機則會使某些資訊失去意義，因此我們要對環境和事態變化保持敏感，努力營造和諧的交流氣氛。

所謂「知己知彼，百戰不殆」，這些可以作為我們人際互動談話的指導原則。說話不看對象，不僅達不到談話的目的，往往還會傷害對方。說話不分對象，心裡想什麼就說什麼，一定會替自己製造很多不必要的麻煩，甚至還會造成一些無法挽回的損失。

第二章　智者之言：想清再開口，說話更得力

第三章　看人說話：
話說對人時，效果更出眾

第三章　看人說話：話說對人時，效果更出眾

與上司說話的技巧

　　上司是工作中經常接觸的人，也是決定職業升遷和職業前途的人，因此，要學會和上司和諧地相處，才會為你的事業發展帶來更多的好處。

　　林紓是公司的菁英人員，最近他剛剛忙完一個費時費力的專案，已經身心俱疲了。這時主管又安排給林紓一項任務——去做一篇人物宣傳的資料。這個工作對於林紓的身體和精力都是個不小的挑戰，他的身體已經有些吃不消了，但如果不接受，又擔心違背主管的意思。

　　考慮到前不久剛做了闌尾切除術，加上這些天的奔波，另外對於文字資料，林紓也並不在行，所以他決定找個機會跟主管「訴苦」。

　　林紓從馬太效應的心理學現象談起，聽起來好像都是閒話，但其實是在暗示主管不要單單重視自己，也要考慮其他員工的能力。同時林紓還用了「提示」的方法暗示自己有病在身，需要休養。

　　由於林紓的話合情合理，表達又委婉含蓄，不乏誠意。主管也明白了他的「苦衷」，確實和自己安排工作不合理有關，於是愉快地接受了他的意見，改變了工作安排。

林紓的聰明之處就在於，他將對主管的不滿透過隱約的「訴苦」表達了出來，暗示主管，他的工作量太大了，自己的身體難以承擔，而不是直接向老闆抱怨，最終讓主管改變了工作安排。

　　與主管或上司對話時，掌握一些說話的技巧，就可以輕鬆說出上司愛聽的話，也能達到自己的目的。

1. 把榮耀留給上司

　　在公共場合指出上司的優點，讓他知道你對他的尊敬和欽佩。例如：有了業績不要忘記提到同事和上級主管，應該有上司的一份功勞；開會時有主管在場的情況，要提前準備好資料給上司，不能臨時增加資料；不要將計畫書和盤托出，應由上司主動提出，以便保留上司發表意見的餘地。總之，要讓上司處處都感到受人尊重和重要性。

2. 多說別人，少說自己

　　一個公司就是一個團隊，這個大團隊再分成若干個小團隊。無論什麼樣的團隊都需要團結一致、協同工作，這樣才能提升工作效率。不要動不動就把自己掛在嘴邊上，時時刻刻標榜自己，這樣是無法得到上司信任的。要不時地肯定他人，適時鼓勵別人，如「小王的主意真不錯，小李的表現也很出色……」

第三章　看人說話：話說對人時，效果更出眾

3. 適時向上司提建議

　　和上司交流時，要表現出自己的忠心和服從，說話時盡量表現得熱情、積極，並能及時向上司提出合理的建議或意見。大多數有上進心的上司，都喜歡員工能向自己提出見解，也願意傾聽員工申訴的理由和想法。適時向上司提意見既能表現出員工的能力，又能讓上司感到有面子。

4. 面對不公的指責不要硬頂，要在接受的同時表現自己的自信

　　上司也有意氣用事、判斷錯誤的時候，這時候如果你當面辯駁或者頂撞，只會適得其反。不如先接納上司的指責，並心平氣和地對上司說：「謝謝您告訴我，我會仔細考慮您的建議。」等到上司冷靜下來或者私下裡，再去和他交流，這樣上司也會意識到自己的問題，而你大度的態度也會贏得上司的好感。

　　以上幾種情況都是我們在日常工作中經常遇到的，當遇到這些問題時，換個方式說話，說上司愛聽的話，這樣既解決了問題，還能贏得上司的好感，何樂而不為呢？

與同事說話的技巧

在職場中打交道最多的就是同事,要想和同事相處好,得到同事的信賴和好感,僅僅靠向同事投以友善和熱情是不夠的,還要懂得運用語言的藝術拉近和同事之間的距離,讓同事對你產生好感,這樣你才能在職場中如魚得水。

王某和李某同在一個辦公室。一天,經理安排王某去完成一件比較重要的工作。以前經理手頭的重要任務,都會交予李某去處理,最近一段時間,不知道什麼原因,經理開始格外器重王某。一有什麼好差事,就交給王某去辦,分給李某的只是一些雜事。這讓李某十分不悅。最令李某氣憤的是,王某每次都能把經理交辦的事情辦得很出色,博得經理的連連稱讚。這讓他又羨慕又嫉妒,他覺得是王某把屬於自己的好差事給搶了去。

後來,李某因嫉妒,開始在公司裡到處說王某能力比自己差之類的話。王某聽後很生氣,但是,大家都是效力於同一家公司的同事,如果因為李某在私下裡造謠中傷他,他就跑去找李某算帳,顯然有失風度,會讓其他同事留下不好的印象。可是不找李某算帳,王某又不解氣。他思索再三,決定用另外一種方式向李某表達自己心中的不滿。同時,也能讓李某轉換對自己的想法。

一天中午,王某趁大家休息時,主動找到李某說:「李兄,最近我常常聽到有同事私下裡拿我們兩人比較,我覺得這是我

第三章　看人說話：話說對人時，效果更出眾

的榮幸。因為來到這家公司後，我一直都很欽佩你，我非常佩服你對待工作認真嚴謹的態度，以及卓越的工作效率。經理總跟我說，要我向你學習，所以他替我安排了一些鍛鍊機會。李兄，在工作方面，你一直都是我心中的榜樣，而且在公司裡，我也需要你的幫助。前段時間因為工作忙，也沒顧得上好好和你談談。我們交個朋友吧，我相信我們會成為工作上以及生活上的好夥伴的。」

聽到王某這麼說，李某感到十分羞愧。自己好歹也算是公司的老員工了，對於一個新人還這麼嫉妒，凡事斤斤計較，太不應該……

最後，李某和王某一笑泯恩仇，成了朋友。

要想與同事建立良好的人際關係，必須不斷地互相溝通。那麼，如何做到相互溝通呢？除了平常的相互幫助、體諒之外，恰當的語言也是非常重要的。那麼，同事之間相處，怎樣說話才能不招致同事的反感，並讓對方感到溫暖呢？

1. 當你需要在某方面工作最拿手的同事幫助時，可以真誠地去請求幫助，並保證他日必定回報，這些都是必要的。而且還要記得，將來有功勞的時候別忘了替人家記上一筆。

2. 和同事溝通最好的方式是表現出一個自然、平實的自己，以一顆謙遜、熱忱的心去對待同事，更容易換來同事對你的好感。

3. 與同事相處，如果同事向你徵求意見，你就不要發出毫無意義的稱讚；當同事無意中冒犯了你，又沒有跟你道歉時，要本著寬容的心態去原諒他，如果他以後有求於你，還是可以為他提供幫助。

4. 對於年紀比你小的同事，也要注意分寸。對年紀小的同事態度要慎重，可能他們的思想很前衛、很激進，但是一般他們的知識經驗不如老員工，所以和他們溝通時，注意不要隨聲附和，也不要與他們爭辯。

與異性朋友說話的技巧

有些人不敢和異性打交道，與異性一見面就臉紅，開口不知道要說什麼，遭遇過這種情形之後才知道自己不會和異性溝通，這怎麼行呢？下面我們就來看一下和異性溝通需要哪些技巧。

小修要做一篇市場調查報告，需要去電腦室查看相關資料。當他看到電腦室的操作員高小姐滿臉的嚴肅神態時，心裡就開始發慌了。

稍稍平靜了心態後，小修滿懷信心地和高小姐攀談起來：「高小姐每天都這麼忙吧？」

「對。」

第三章　看人說話：話說對人時，效果更出眾

「您對電腦這麼熟練，一定做了很久的操作員了吧？」

「不長。」

幾句對話下來，高小姐始終面無表情、極為吝嗇地作答。這讓小修心裡又沒了底，為了改變談話的氛圍，小修略一思考，改變了策略：「聽主任講，我們科有兩位天使最出名，您知道都是誰嗎？」

「不知道！」高小姐看起來並不關注這個問題。

「好吧，我告訴你，其中一個就是公關天使小靜，另一個，就是高小姐──你！」小修故意放慢了速度。

「那我是什麼天使？」

小修見高小姐對自己的話產生了興趣，又故意頓了頓嗓子說道：「大家都說您是冷豔天使！」

「簡直胡說八道，你看我像不像？其實……」高小姐的話匣子終於打開了。

小修面對冷若冰霜的高小姐，在電腦室中雙方的溝通幾乎陷入僵局的情況下，緊緊抓住對方「冷豔」的特點，假借第三者的話進行評論，改變了說話的氛圍。

男女之間的交談，是一套很有講究的學問，由於性別的差異，男女之間既存在著本能的吸引，也存在著社會性的戒備。同性之間的感情太近了，可能不會對自己的生活產生太大的影

響，也不會在社會上產生太多的口舌是非，而異性之間的感情太近了，可能就會產生一系列相應的問題。因為異性之間的感情發展存在著一條特殊的軌道，即感情、愛情、婚姻、家庭。所以，異性之間的談話更應該講究分寸。

當然，即使你的交談就是為了獲取對方的愛情，這裡面也有一個必須掌握分寸的問題。下面就從這兩方面來探討與異性說話的分寸。

1. 以社會性互動為目的的異性交談

以社會性互動為目的的異性交談，最好的辦法就是忽略性別。只有忽略了性別，才能做到自然、和諧、坦率、真誠，才能消除彼此之間的緊張心情。當然，忽略性別，不等於可以不拘小節，可以不修邊幅，不等於可以不注意自己的坐相、站相和走相，更不等於可以隨便地發洩、抱怨和信口開河。過於粗俗的東西，別說在異性之間交談討人嫌棄，就是在同性之間也不受人歡迎。要知道，高雅的談話內容可以展現一個人的學識、見識和個人修養，這是人人都欣賞的。

另外，與異性交談還要注意一些必要的禮儀，千萬不要讓某一位異性被自己的目光所漠視或被自己的交談所忽略。

第三章　看人說話：話說對人時，效果更出眾

2. 以追求情愛為目的的異性交談

以追求情愛為目的的異性交談要堅持循序漸進的原則。因為與異性之間的情感是需要有一個發展過程的，這個發展過程的每一步都存在著分寸的問題。

事實上，用語言交流的方式去捅破愛的「窗戶紙」並不是一件簡單、隨便的事。多數人會因為害羞或者害怕被拒絕而造成一度尷尬的局面，甚至會讓對方產生誤解，引起不必要的麻煩。所以，用語言交流的方式去捅破愛情的「窗戶紙」一定要講究技巧。

與成功人士說話的技巧

在一般人看來，與名人交談是生活中不可避免又令人發怵的事情。其實，只要你了解「名人也是人」這樣一種心理基調，並掌握幾種恰當而有效的交談辭令，根據名人的具體情況與當時的情境有所選擇地發揮你的口才，一樣能達到正常溝通和交流的目的。

案例一：

一位飯店經理所在的飯店接待了一個著名的藝術團體，其

中有不少是國內著名的藝術家。

經理在致歡迎詞中熱情洋溢地說:「世界上有兩種富翁:一種是物質的富翁,一種是精神的富翁。而今天來到我們飯店的諸位藝術家就是精神的富翁,他們擁有不能用金錢物質來計算的精神財富。同是有良知的人們,不一定為物質的富翁鼓掌,但一定會為造詣深厚的藝術家們鼓掌。我非常傾慕他們的富有,傾心於他們的價值,假如來世我再投生,我願走進他們的行列,做一名光榮的藝術家……」

全體藝術團員們對飯店經理這段情真意切的歡迎詞報以長久的雷鳴般的掌聲。藝術團團長激動地緊握經理的手,連聲感謝這一番激動人心的話語,最後引用了詩句:「世間確有真情在,人海茫茫有知音。」

這位經理以真誠的話語表達了對藝術家的尊重,而且他的話語中蘊含著深刻的哲理,難怪會使藝術家們對他刮目相看。

案例二:

一位年輕教師在一個語言學術研討會上見到了著名語言學家張先生。張先生年事已高,加之旅途勞頓,會議主持者告訴其他人不要打擾張老休息,但這個教師非常渴望見到這個景仰已久的前輩。

第三章　看人說話：話說對人時，效果更出眾

　　於是，這個教師在會間休息的空隙不失時機地先介紹自己，然後說：「張老，不論在語言學還是年齡上，我都是您的晚輩，今天與您相見是我渴慕已久的。我在上大學時就拜讀過您的幾本著作，我的畢業論文就是論述您與語言學研究方面的，後來在一家學報發表了，請您多多加以指教。張老，我對語言學研究入了迷，這次會上我也帶了篇論文，也想請您指教。如果可能，還想麻煩張老與大會主持說一下，讓我在會上交流一下。只要10分鐘！您德高望重，肯定可以的！」

　　張先生聽後，很愉快地答應了年輕教師的要求。

　　談名人最感興趣的話題，再表達對他們的崇敬與尊重，會很有效地打動名人的心靈。

　　年輕人涉世未深，在與人交談時的心理是羞怯的，尤其是在與那些名人交談的時候，更容易膽怯緊張、語無倫次，往往會造成「冷場」、「尷尬」等後果。其中，最主要的原因是他們沒有掌握和名人交談的技巧，沒有做好充分的心理準備。下面，我們就介紹六種與名人交談的技巧：

1. 擺正心態，把名人當正常人看待

　　名人並不因為有了地位、名利就不再是人。把名人放在和你同等的地位，這是與名人交談的基礎。與名人的交談中所涉

及的內容要符合事實，實事求是，能夠表達最真誠的情感，而不是把名人擺在與上帝同等的位置，極盡吹捧之能事。

2. 對不喜歡說話的名人一定要有耐心

有些名人，特別是喜劇演員或主持人，他們所從事的工作要求他們不停地說話、不停地幽默，他們在舞臺上、電視上已經說到極致、笑到極致，在私底下他們反而不愛說話。因此，我們在生活中與他們交談的時候，一定要保持耐心。也許他們在與你交談的時候，會表現得不活躍、不自在，甚至有些冷漠。但是，你一定要面帶微笑地保持溫和、冷靜和體貼，就像應付任何敏感的人一樣，千萬不要輕易動怒，也不要在他們面露不悅時表現得過於熱切。

3. 交談時，提出的問題最好是開放式的

要想與名人愉快地交談，提出的問題很關鍵。只有問正確的問題，才能使得雙方的交談愉快地進行下去。這時候，開放式的問題就顯得尤其重要了。你所問的問題一定不能用簡單的「是」或「不是」來回答的，而需要較長的答案。例如，你要與一個成功的企業家交談，你想知道他的創業歷程。這時候，你需要採用開放式的問題，例如：「你的創業史是怎樣的？」、「你在

創業過程中最困難的時期是哪一段？」這樣的問題，對方在回答時不受約束，而且有可能讓他們回憶起過往的種種，引起他們談話的興趣。

4. 與兩位名人同時交談時，要二者兼顧

當我們同時面對兩位名人時，千萬不要只跟你所景仰的一位侃侃而談，而對另一位不理不睬。這樣做，不僅會讓「無話可說」的那個名人尷尬，也會讓你敬仰的那個名人不自在，最後可能就草草結束這次交談。如果你想和他們保持較長時間交談，必須保證話題是他們兩位都能參加的。換句話說，你要確保三人談話的方式。如果你對另一位名人並不熟悉，而且在經過介紹之後，你仍想不起關於他的任何事蹟，你也不能對他有所疏忽，必須一視同仁地表現出同樣的熱情和友善。

與名人交談的時候，切不可有害羞或畏怯的心情。只要你所表現的是你內心真正的意願，你就能與任何名人開口交談。

與客戶說話的技巧

當前的商業競爭異常激烈和殘酷。隨著競爭壓力的不斷增強，很多企業開始奉行所謂的「更加積極主動的銷售策略」。然

而,這種抓住機會不顧一切地過度推銷,必然會造成一系列的傷害:對客戶的傷害,對銷售人員的心理傷害,對企業自身形象的傷害。

一天,郭先生到市中心新建成的社區辦理新屋驗收手續。在物業公司門前,十幾家裝修公司的攤位一字排開。一見有人來了,十幾個攤位的業務員爭先恐後地迎上來。

「先生,您需要裝修嗎?」

「先生,我們這裡有各種房型的設計方案,您過來看看吧!」

……

郭先生費了很大的勁才衝出了「包圍圈」。當他在工程人員的陪同下去現場驗房時,幾名裝修業務員仍然緊緊地跟在後面不停地搭訕,其間不斷有守候在路邊的業務員加入。等郭先生抵達新房子樓下時,身後的推銷隊伍已經壯大到十餘人了。

最戲劇化的一幕發生在進屋時的一瞬間。新房子的門剛一打開,十幾個業務員便爭相湧進屋內,把郭先生團團圍在當中,有的遞名片,有的塞宣傳手冊,有的甚至當場畫起了設計圖……

由於推銷人員步步緊跟、人聲嘈雜,工程人員根本沒辦法仔細驗屋。最後郭先生終於忍不住發火了,將十幾個推銷人員通通趕出了屋子:「我連房子都沒辦法驗收,還裝什麼修!」

大約半小時以後,驗屋工作終於結束了,郭先生打開屋門

第三章　看人說話：話說對人時，效果更出眾

一看，不由得倒吸了一口涼氣。推銷「大軍」仍然堅守在門外，而且「兵力」有增無減，這讓他再度陷入了「包圍圈」。

郭先生好不容易逃出「重圍」回到家裡，手機立刻響了起來──「又是他們打來的推銷電話！真不知道他們從哪裡弄到我的手機號碼，真是煩死了！推銷也應該有個尺度吧，這種過度熱情的推銷，真是讓人吃不消，簡直是騷擾！」

在現實生活中，相信很多人都有類似的體驗：在商場裡買東西，售貨員在你耳邊喋喋不休地「聒噪」，讓你無法靜心挑選；在美容院享受美容時，頻頻遭到美容師的「侵犯」，她們一邊替你做美容，一邊喋喋不休地向你推銷化妝品或新的服務項目，並且苦口婆心地說可以給你打折優惠，如果你拒絕了，服務就會大打折扣……

商家適度的推銷本無可厚非，但如果不顧及客戶的心理，過度「熱情」地向客戶推銷，就會適得其反。因為過度推銷剝奪了客戶自由選擇產品的權利，是對客戶最大的不尊重；過度推銷通常是以企業利潤的最大化為終極目標，所以它只是一味地追求讓客戶掏腰包，而不會顧及客戶的消費能力和消費需求。這種銷售方式最終必然會失去客戶的信任和尊重，被客戶拋棄，被市場淘汰！

在與客戶交流溝通時，一定要注意用好自己的嘴，管好自

己的嘴,要知道什麼話該說,什麼話不該說,需要謹記閉上「八張嘴」:

1. 忌「問嘴」

所謂「問嘴」,就是用質問的語氣跟客戶說話。在與客戶溝通時,用質問的口氣與客戶談話,是一種很不禮貌的表現,是傷害客戶感情和自尊心的行為之一。所以要謹記,如果你想贏得客戶的青睞,切忌質問。

2. 忌「硬嘴」

所謂「硬嘴」,就是用命令或批示的口吻跟客戶說話。在與客戶交談時,微笑要多一點,態度要溫和一點,聲音要輕一點,語氣要柔一點,盡量採用徵詢、商量或請教的口氣與客戶交流,切忌採取命令或批示的口吻與客戶交談。

3. 忌「吹牛嘴」

所謂「吹牛嘴」,就是在客戶面前自吹自擂。在與客戶溝通時,要實事求是地介紹自己,略加讚美當然可以,但千萬不能忘乎所以,得意忘形地自吹自擂、炫耀自己的學識、能力、銷售

業績、收入、地位等。否則很容易人為地造成雙方之間的心理隔閡。

4. 忌「直嘴」

所謂「直嘴」，就是對客戶的缺點和錯誤直言不諱。在與客戶溝通時，如果發現他們身上有某些缺點，或在認識和見解上有什麼不妥之處，千萬不要當面予以批評和指責。要知道，人最忌諱在別人面前丟臉、難堪，更何況是「身為上帝」的客戶！

5. 忌「刀子嘴」

所謂「刀子嘴」，就是說話尖酸刻薄，喜歡惡語傷人。俗話說：「打人不打臉，揭人不揭短。」每個客戶都有自己的隱私，當客戶有意迴避不談時，銷售人員就不應該再「打破砂鍋問到底」。每個人都有自己的短處，都不願意將之展現於人前，所以銷售人員不要在交談時「哪壺不開提哪壺」。

6. 忌「白水嘴」

所謂「白水嘴」，就是銷售人員說話平鋪直敘，像白開水一樣沒有味道。銷售人員在與客戶說話時，聲音要洪亮，語言要

優美,語速要有快有慢,語調要有高有低,語氣要有重有輕,力求做到有聲有色、有張有弛、抑揚頓挫,生動活潑。

7. 忌「專嘴」

所謂「專嘴」,就是用客戶聽不懂的專業語言跟客戶交談。銷售人員在向客戶推銷產品時,最好不要用專業術語,比如銷售人員向客戶介紹網站架設時,對客戶說流量、程式設計、Internet 域名、IP 地址、租賃伺服器等專業術語,都是不可取的,應該盡量用淺顯易懂的語言把自己的意思表達出來。

8. 忌「不專嘴」

所謂「不專嘴」,就是用不夠專業的語言跟客戶交談。銷售人員在銷售之前,必須對推銷的產品有一個全面而詳細的了解,只有這樣才能回答客戶提出的各種疑問,並解決客戶在產品使用過程中出現的問題。銷售人員在向客戶解答疑問時,切忌用「大概」、「可能」、「或許」、「差不多」等模稜兩可的字眼搪塞客戶,同時也不能故弄玄虛,跟客戶賣關子。而應該實事求是地向客戶解釋說明。

第三章　看人說話：話說對人時，效果更出眾

與陌生人說話的技巧

在現實生活中與陌生人說話，懂得一些技巧是很重要的。

案例一：

有一位編輯，他對邀稿很在行。他的方法是努力爭取與對方見面，初次見面後，他不提正事，先裝作閒聊一般與對方話家常，盡量使話題愈談愈投機，然後在適當的時候說：「你這麼一提，使我想起了……某某問題，你認為如何？」其實這個問題，他老早就放在心上了。對方中計發表意見後，他就接著說：「太好了！你的見解非常獨到，如果你照這個想法寫篇稿子，肯定能引起很大的迴響。」這樣一來，對方往往會答應下來，因為要寫的東西自己剛剛都已經說過了！

這位編輯在這裡用的是「偽裝回饋」的戰術，即對對方的話及時做出反應──「你這麼一提」、「太好了，你的見解非常獨到」。換句話說，是設法使對方產生共鳴。這樣一來，對方也不能不與他共鳴。

為了獲取對方的信任，你還可以在談話順利進行中插入一句：「是你，我才會說的！」或「這可不能再傳到別人耳中了！」這樣一來，等於說彼此擁有了共同的小祕密，親密的關係便輕易形成。

信任是人際互動的基礎，信任能使對方和你的感情產生「共鳴」。而一旦產生了感情的「共鳴」，談話的雙方便由陌生人升級為好朋友。

案例二：

周小姐要去澳洲出差。登上飛機後，坐在周小姐旁邊的是一個英國女孩。周小姐是個開朗的人，便大大方方地與對方聊了起來。在交談之中，周小姐詢問對方：「你今年多大年紀呢？」

「你猜猜看。」

周小姐轉而又問：「到了這個歲數，你一定結婚了吧！」

而最終的結果是：對方居然轉過頭去，再也不搭理她了。一直到下飛機，她們兩個人都沒有再說話。

周小姐與那位英國女孩聊天不投機導致不歡而散，主要是因為周小姐不該過問對方的隱私。在國外，按照常規，對方是有權利拒絕回答此類問題的。

美國一位博士認為：「人們接觸的第一個5分鐘主要是對話。在對話中，你要對所接觸的對象談的任何事都感興趣。不管他從事什麼職業，講什麼語言，以什麼樣的方式，對他說的話都要耐心傾聽。假如你這樣做了，你會覺得整個世界充滿無比的樂趣，你將交到無數的朋友。」

跟陌生人說話時，很多人都會感到拘謹。因此，在跟陌生

第三章　看人說話：話說對人時，效果更出眾

　　人對話時，先提一些問題，等略有了解後再有目的的交談，往往能談得更為自如，這如同向河水中投塊石子，先探明水的深淺，然後再前進，就可以有把握地過河。

　　比如去一個陌生人家拜訪，要是有辦法，應該提前對要拜訪的客人做些了解，了解他的職業、興趣、性格之類。等走進陌生人住所後，你也可以好好觀察一番，看看牆上掛的是什麼？國畫、攝影作品、樂器……這都能推斷主人的興趣所在。有時，室內某件物品也能牽引起一段故事。假如你把它當作一個線索，就可以由淺入深地了解主人的某個側面。當你掌握一些線索後，就不難找到話題了。

　　當決定和某個陌生人對話時，你可以先介紹自己，給對方一個接近的線索，不妨先聊聊自己的工作，也可問問對方的工作。一般來說，你先說了自己的情況，人家也會告訴你自己的相關情況。

　　接下來，你可以問一些跟他本人相關而又不屬於隱私的問題。對方是中年人，你可以問他子女在哪裡讀書，也可以問問對方公司的業務概況。對方談了之後，你也要順便談談自己的相應情況，這樣才能達到交流的目的。

　　跟陌生人對話，要比對老朋友更加留心對方的談話，因為你對他所知甚少，更應該重視已經得到的任何線索。此外，他的聲調、眼神和回答問題的方式，都可以揣摩一下，以決定下

> 與陌生人說話的技巧

一步是否可以縱深發展。

　　初次見面，經常會遇到請教姓名的事，「請問你尊姓大名？」你要牢牢記住對方的姓名，對方說出姓名之後，你應馬上用這個名字來稱呼他。如果碰到一個已經忘記了的人，你可以表達歉意，如「對不起，不知怎麼稱呼您」；也可以說半句，如「您是——」、「我們好像——」，請對方主動補充回答。

　　順利地跟陌生人攀談，是給人一個好印象、良性互動的開始。學會跟陌生人攀談，誰都可能成為你的知己好友。

第三章　看人說話：話說對人時，效果更出眾

第四章　形象爲王：
姿態決勝負，形象更出彩

在表達與溝通交流中，演講是一種最常見的表達方式。演講作為一門藝術，演講者留給聽眾的第一印象，就是他的儀容。演講又是一種有聲語言和非有聲語言（即肢體語言）的交融展現，即除了咬字清楚、聲情並茂外，還要舉止大方、態勢瀟灑。美國一位心理學家說：「人的感情表達由三個方面組成：55％的體態，38％的聲調及 7％的語氣詞。」這句話很好地說明了肢體語言的重要性。

第四章　形象為王：姿態決勝負，形象更出彩

形象升級：人靠衣裝，佛靠金裝

　　成功，通常是無數細節累積的結果，演講與說話也是這樣。一個演講者之所以能夠獲得成功，其知識累積、會場布置、動作、表情、演講詞乃至著裝等每一個環節都是無可挑剔的。但很遺憾的是，很多普通演講者總是顧此失彼，尤其是其中一個重要的因素──著裝更容易被忽視，或者在嚴肅的場合穿著隨意的衣服，或者在喜慶的場合穿著正統的衣服。

　　在演講與說話中，著裝可以發揮重要的作用，它會對人們的形象產生強大的影響。例如，《著裝、向前、成功》一書的作者認為，在正式場合穿著休閒裝的人看上去通常會缺少氣勢，不容易說服人。對此，他曾經做過無數的研究調查，結果發現，在一個公司裡，主管在注重形象和不重視形象的兩種情況下，員工工作效率的差距竟然有10%之多。

　　事實證明，得體大方的著裝會使人在外表上看起來積極向上、有成功之感，這樣的人不僅自己有一種積極的心理體驗，獲得更多的自信心和自尊心，也很容易讓其他人對他們產生信心和好感。

　　比如，現實生活中，我們在形容一個成功人士的時候經常會說西裝革履、神采奕奕，而甚少說他邋裡邋遢、衣衫不整。同樣，在演講中，對於演講者來說，當他們衣著整齊、全身

> 形象升級：人靠衣裝，佛靠金裝

上下都是熨貼之感的時候，他們就會覺得自己自信十足。對於聽眾來說，當看到站在講臺上的那個人拖拖沓沓地穿著一條打著補丁的仿舊牛仔褲、白色短袖襯衫口袋裡露著鋼筆、黑色的西服上面蹭著一片灰塵，或肩膀上蒙著一層雪花一般的頭皮屑時，他們就會認為這樣的人不負責任、不值得尊重；而當看到對方衣著講究的時候，他們就會認為這樣的人有責任感、有權威、值得信賴、讓人感覺舒服。這就是著裝的魅力，看似小事，卻極大地影響著我們的成敗，影響著他人對我們的印象。

所以，在走上講臺之前，你一定要檢查一下自己的著裝。首先，要根據演講的主題和聽眾的情況選擇合適的服裝。一句話，一定不要一味追求萬眾矚目、不拘一格，而讓自己過於不協調，影響聽眾的觀感，弄不好這種做法會讓你顏面掃地。

我們一起來看一下演講者服裝款式的選擇。

首先，根據演講者的體型

矮胖型：其著裝原則是低領、寬鬆、深色、布料輕軟的服裝。注意上下身衣服連同鞋襪要同色，避免穿下襬印花的裙子，裙子不宜太長，質地要柔軟輕盈。上衣或外套短一些，以V形領為佳，袖口宜小。女士穿的高跟鞋與略帶深色的絲襪可以使兩腿修長；要避免上身與下身的顏色反差太大；在冬天可

第四章　形象為王：姿態決勝負，形象更出彩

根據演講內容選戴小型圍巾且顏色應鮮豔一些；男士適合穿西褲，給予人優雅富態之感。

矮小瘦削型：不能穿太寬大和大格子的上衣，可選穿淺灰色、淺黃色、褐色等有膨脹感的衣服，女士可穿筒形褲子遮蓋略高的鞋跟。

高長瘦削型：宜穿帶有墊肩的大披領寬鬆上衣，男士穿夾克很合適，要選擇有膨脹感的色調；可穿帶有細格條紋和大方格的上衣，褲子不宜過於肥大。女士不要穿窄腰或領口很深的連衣裙，布料圖案不宜選直線條。

其次，在服裝的顏色方面

在服裝的顏色方面，也要多加注意。不同的顏色能引起人們不同的聯想，產生不同的心理感受。演講者要考慮到演講的內容、演講的環境、演講的時間等諸多因素，來進行衣著、飾物方面的顏色搭配。

不同顏色代表不同的含義：白色是純真、潔淨的象徵，也給予人莊重、神聖的感覺；黑色是嚴肅、悲哀的象徵，也給人文雅、莊重的感覺；紫色是高貴、威嚴的象徵，也給人神祕、輕佻的感覺；綠色是青春、生命的象徵，也給人恬靜、新鮮的感覺；紅色是熱情、喜慶的象徵，也給人焦躁、危險的感覺；

藍色是智慧、寧靜的象徵，也給人寒冷、冷淡的感覺。

服裝的顏色不能太單調，要注意進行顏色搭配。一般來說，整套服裝最好不超過三個顏色，並按不同比例搭配。演講者服裝配色要考慮到演講場地的燈光顏色，因為在一般燈光下，所有的顏色都會略發黃色，使原色加深。所以，如果演講是在晚間進行，選擇服裝顏色最好是在燈光下進行。

另外，演講者的服飾款式與顏色一定要與廣大聽眾相協調，衣服如果過於奢侈華美，可能會影響聽眾的注意力。但如果服裝過於隨便也不行，一是對聽眾不尊重、不禮貌；二是聽眾可能會對演講者產生不好的感覺。

服裝還要與身分協調。演講者的衣著應該典雅美觀、整潔合身、莊重大方、色彩協調，要與自己的性別、年齡、職業等相協調，充分展現出自己的特點與神韻。

最後，注意鞋子的選擇

在演講者的穿著中，什麼對其自身的情緒影響最大，衣服？裙子？褲子？帽子？……都不是。心理學家曾做過研究，證明鞋子對情緒的影響最大。穿一雙陳舊的、軟底的鞋子會讓你感到精神萎靡，加深沮喪的情緒。而當你換上一雙擦得發亮的皮鞋，邁著大步上臺演講時，你將會信心百倍，雄糾糾，氣昂昂。

第四章　形象為王：姿態決勝負，形象更出彩

　　選擇鞋子不應該僅僅追求樣式的摩登新潮，還要適合自己的腳型和體型，另外要考慮到整體的協調和演講內容的限制。

　　如腳型大的演講者不宜穿白色的鞋子，因為白色有一種膨脹感，燈光一照更是顯眼；身材矮小型的女性不宜穿很高的高跟鞋等等。

　　演講時以穿皮鞋為最常見，無論是男士穿西裝、夾克，還是女士穿裙子、休閒服都可穿皮鞋。演講者穿皮鞋上場顯得端莊、高雅、大方。穿皮鞋要注意與衣著顏色相配，要保證皮鞋的整潔。除了有些特製的皮鞋外，最好不要穿釘有鐵掌的皮鞋，以免上場時有刺激聲而影響聽眾的情緒。女士選用皮鞋跟不要太高，因為太高不利於運氣發聲。

　　另外，選用鞋子時還要注意襪子的搭配。穿裙子宜穿長筒襪和連褲襪，褲襪的色澤一般選用與膚色相近的顏色或深色的。

　　整體而言，在演講中，靈魂部分是你的思想、情感，演講中的著裝等外在的東西都是為這個靈魂服務的，你的所有技巧都要讓聽眾一看到你就想到：「這個人看上去很幹練、很專業，聽他的一定沒錯。」而不是產生喧賓奪主的效果，讓對方被你身上誇張的衣裙或配飾吸引了全部的注意力。你需要掌握的一個原則就是穩重、大方，你可以隨時備上一套深藍色、深灰色等暗深色的服飾，這類服飾雖然中規中矩不會讓你多麼出色，但也不會讓他人感覺輕浮，更不會觸犯他人的忌諱。

此外，不管你是不是主角，都不要佩戴過於閃亮的首飾或領帶，否則很容易分散聽眾的注意力，讓對方認為你不尊重人、輕浮。必要的時候，上場之前你可以徵詢一下自己信得過的人的意見，以便隨時做出必要的調整。

讓姿態展現你的風采

在人際互動中，怎麼站、怎麼走之類的事情，似乎是不足掛齒的小節，其實卻蘊藏著美與醜的學問。

一個品行端莊、富有涵養的人，姿勢必然優雅；一個趣味低等、缺乏教養的人，是做不出高雅的姿勢來的。人們往往透過動作與姿勢表現個人的優雅，同時也透過別人的一舉一動去衡量其價值。俗話說：「站有站相，坐有坐相。」這句話可以說是對講話人姿態的一個基本要求。

說話者如果是站著講話，則應保持正確的站姿，如頭要端正，腰要直，肩要平，挺胸收腹，重心放在腳底中央稍偏外側的位置，雙手自然下垂，這樣才顯得精神振奮、經綸滿腹、充滿信心；若是坐著與人交談，通常不能蹺二郎腿；在長輩面前應雙手扶膝，端坐不靠，表示出誠懇求教的姿態。

動作與姿勢是人的思想感情與文化修養的外在表現。坐的

第四章　形象為王：姿態決勝負，形象更出彩

姿勢要求端正、自然、大方：不論坐在椅子上還是沙發上，最好不要坐滿，只坐一半；上身端正挺直，不要垂下肩膀，這樣顯得比較有精神，但不宜過分死板、僵硬。

年輕人或身分低的人採取這種坐姿表示對對方的崇敬和尊重，時間坐長了可以靠在沙發上，但不可雙腳一伸，半躺半坐，更不可歪歪斜斜地癱在沙發上，坐時兩腿要併攏或稍分開。男性可以蹺二郎腿，但不可蹺得太高，不可抖動，女性可以採取小腿交叉的姿態，但不可向前直伸。切忌將小腿架在另一條大腿上，或將一條腿擱在椅子上，這是很粗俗的。

入座時動作要輕穩，不要猛地坐下，以免發出響聲。入座後手可平放在腿上或沙發扶手上，也可托著下巴，但不能托著腦袋，以免顯得無精打采。手不要隨心所欲地到處亂摸，要絕對避免邊說話邊搔癢，或將褲腿捋到膝蓋上。坐定以後兩眼要平視，注意與你交談的人或發言者，不要肆無忌憚地打量人家室內的陳設並因此忽視了主人。

坐相如此，吃飯、穿衣、行走等日常生活同樣要講究動作優雅，有些人貌不驚人，甚至還有些「醜」，但能贏得人們的好感和尊敬，其原因就是他們風度翩翩、姿態優美、談吐不凡，而且心地善良、為人正直、態度謙讓、文明有禮。

社交中要避免以下幾個極不好的動作姿勢：指手畫腳、拉拉扯扯、手舞足蹈、評頭論足、將身體斜靠在其他物體或人身上；

讓姿態展現你的風采

站著或坐著時,連續抖動自己的腿;當著別人的面伸懶腰、挖鼻孔、掏耳朵、打哈欠、剔牙齒等;不加控制地張著嘴狂笑或毫無意義地傻笑;點頭哈腰、裝腔作勢、歪頭斜眼等。

在日常交際中,一個人的一舉一動都屬於體態語言,這些動作時刻被人所關注。如果在交際中想留給別人一個好印象,就要注意自己的姿態。如果你和人見面無精打采,對方就會猜想也許你不歡迎他;如果你左顧右盼不正視對方,對方就可能懷疑你是否有交際的誠意;如果你趾高氣揚,對方可能會認為你目中無人;如果你點頭哈腰、謙虛過分,對方可能懷疑你別有用心。所以,在一般情況下和人見面時,你的姿態應不卑不亢、落落大方,主動欠身、握手表示歡迎問候,眼睛正視前方。

人的一點頭、一拍肩、一舉手、一投足都能傳情達意,都能顯示出一個人的個性心理,如果人們的交際缺乏這些「肢體語言」,僅僅限於語言交際,那將乏味之極。事實上,言語交談只是交談的一部分,許多內容都要靠身體的各種姿勢與動作來傳達。所以在交際中一方面要學會察言觀色,另一方面也要重視自身的肢體語言。

交際要根據交際對象、交際場合採取不同的交談姿態,戀人間、夫妻間最好是比肩而坐,不要面對面交談。如果與你交談的是師長、前輩,則要坐直、稍微前傾,還可以把雙手放在膝上。

第四章　形象為王：姿態決勝負，形象更出彩

觀察別人的姿勢也能了解對方的心理：如果對方重重坐下去，並不自覺地晃動著身子，可能他情緒煩躁，心神不安；如果他不時地晃腿或腳尖擊地，可能是用這些動作來減輕內心的緊張；如果他雙肘支在雙膝上，上身略微向你傾過來，說明他對與你的交談極感興趣；如果他刻意挪開身體，說明他想與你保持一定的距離，對你有所戒備；如果他坐著慢慢地向後靠，斜成一個半躺的姿勢，可能他很自負，有強烈的優越感，你也就不必高攀。

步態就是透過行走來傳遞訊息。說話時的走動移步也有一定的意義。要特別注意發言和演講時的上臺下臺動作。上臺，也叫「亮相」，是與聽眾的第一次見面，影響著後邊的發言是否成功。因此發言者上臺時要精神飽滿、步履穩健、神態自然、面帶微笑。下臺時則應自信從容，切不可失去常態慌張跑下。也不可漫不經心一步三晃地下去，這樣會使聽眾對整個發言失去好感和信任。總之，走動移步要特別謹慎，每動一下都要有明確的目的，該走則走，該停則停，絕不可盲目亂轉。

演講與說話要有開放的姿態

身體語言可算得上是世界上最大的間諜，它不會撒謊，無法隱藏，常常在不經意間將你內心的祕密洩漏給聽眾，雖然這種

> 演講與說話要有開放的姿態

感覺很微妙,卻會影響聽眾的潛意識,使之對你產生不同的印象。比如,開放的姿態如雙手攤開、身體放鬆會讓聽眾感覺你友好、和善、真誠、坦率,而封閉的姿態如雙臂抱胸、雙腿交叉等姿態卻會讓聽眾認為你虛偽、緊張、不安,好像隨時都準備撤退、防禦、攻擊等。

不過,從演講的目的上來說,不管是什麼性質、什麼主題、什麼場合的演講,其共同的目的都只有一個,那就是贏得聽眾的認可、支持和配合,一切有利於實現這個目的的方法都可以拿來為我所用,開放的姿態就是其中之一。那麼,怎麼才能做到開放的姿態呢?實際過程中不妨注意以下幾點:

1. 走出講桌面對聽眾

在所有的演講輔助物中,講桌是最能給演講者安全感的東西。很多人在演講中為了掩飾自己的緊張情緒或者只是因為習慣,總是會自覺或不自覺地想找一種依託或遮蔽物把自己藏起來,以為這樣,自己的表現就萬無一失了,即使自己緊張到腿發抖,或忍不住搓手心也不會被聽眾看到。

但事情通常是有兩面性的。首先,當我們覺得自己萬無一失的時候,通常也是錯誤百出的時候。同樣的,當覺得自己非常安全的時候,你的緊張、不安、不自信也會透過你躲在講桌後

第四章　形象為王：姿態決勝負，形象更出彩

面這個動作顯露無遺。要獲得他人對你的信任，你首先就要有自信，在演講中，聽眾對你的信心是來自你的自信，如果你對自己都缺乏自信，聽眾就會自然而然地懷疑你的權威性和專業性。

更重要的是，從身體語言表現力的角度來說，當站在講桌後面，你的雙手就會不自覺地前伸，緊緊地抓住講桌兩側。這樣的動作就像是一道防火牆一樣，毫不留情地將聽眾阻攔在外面。如果雙手用力撐著桌面，身體的重量一大部分就會壓在雙手身上，這是一個很典型的、人在疲憊至極的時候才會做出的支撐動作。所以，在聽眾看來，做出躲在講桌後雙手力撐這個動作，不外乎兩種可能：第一，你不希望他們配合你；第二，你很累。顯而易見的是，不管聽眾產生了哪種印象，對你來說都不是什麼好事情。

當放棄講桌這個屏障，走出來正對聽眾時，雙手就會放到身側或身後的位置，將胸部展示給聽眾。而在所有的身體語言中，這幾乎是一個最為開放的動作。因為胸部是一個相當重要的部位，但同時胸部的防守能力又很弱，將這個部位展示給聽眾就意味著你已經將自己袒露給對方，從而，向聽眾傳達這樣一種訊息：我是真誠的、坦率的，我願意和大家進行無阻礙的交流。聽眾會馬上接收到你的訊息，並感受到你對他們的信任，繼而給予你積極的回應。

2. 避免封閉性的身體語言

封閉性的語言通常是和拒絕、防守、抵禦、緊張、不安等負面情緒連繫在一起的。總是做出封閉式的身體語言，大家就會知道你有點緊張或者不歡迎他們。相反，如果能夠採取開放式的身體語言，你的熱情、真誠等積極的情緒就會無法抑制地顯露出來，使你看起來充滿了親和力和信賴感，從而吸引人們來關注你。

身體語言會讓你看起來有親和力和信賴感。所以在演講中，我們要盡可能地避免封閉性的身體語言。

手勢是口語表達的第二語言

在日常表達中，動作主要指手勢的運用。在態勢語言中，手勢使用頻率最高，表現力最強，使用最靈活、最方便。

手勢語是透過手和手指的活動變化來表達思想情感和傳遞訊息的。手勢使思想和情感的表達更加豐富，有很大的吸引力和說服力，所以有人說：「手勢是口語表達的第二語言。」

許多演講家都是借用手勢說話的高手，其所使用的手勢語獨顯其妙。

第四章　形象為王：姿態決勝負，形象更出彩

兩千多年前，馬其頓國王亞歷山大（Alexander the Great）在遠征途中，因為斷水，全軍面臨崩潰的危急形勢。亞歷山大在戰馬上做鼓動演說：「勇敢的將士們，我們只要前進，就一定會找到水的。」他一邊說，一邊將右臂高高舉起，張開五指，而後迅速有力地揮下，使人有無可置疑之感。當他講到「壯士們，勇敢前進吧」，右手平肩往後收回，然後迅速有力地將五指分開的手掌猛地推向前方，給人一種銳不可當的堅定氣勢。

而列寧（Vladimir Lenin）常習慣於用左手大拇指橫插於坎肩，右手有力地揮動的手勢。列寧以右手堅定地探向前方，身體微傾向聽眾，構成了一種獨特的姿勢。

由此可見，恰當的手勢不僅有助於表達情感，而且有很大的包容性，往往是「無聲勝有聲」。

心理學家們認為，手勢是人類進化歷程中最早使用的交際工具，在發聲學上是先於有聲語言的。手勢語在日常交際中，使用頻率很高，範圍也較廣。早在兩千年前，古羅馬的政治家、雄辯家就說過：「一切心理活動都伴隨著指手畫腳等動作。雙目傳神的面部表情尤其豐富，手勢恰如人體的一種語言，這種語言甚至連最野蠻的人都能理解。」

一位心理學教授與一群亞洲聾啞兒童不期而遇，心理學教授居然能用歐美流行的手勢語言與他們順利交流。事後，這位教授風趣地說：「用手勢語交流比不懂英文的人用手勢比劃更方

便、更省事。」

常用的手勢語歸納起來有五種含義：

一是象形手勢，在口語表達中凡不好理解的事物或沒有看見的東西，透過形象手勢表達出來，使聽者感知到具體形象。

二是指示手勢，對人、物、方位都可以用指示手勢，引起聽眾的注意並有實感作用。

三是象徵手勢，這種手勢用來表示抽象意念，用得準確、恰當就能引起聽眾聯想。

四是情意手勢，這種手勢主要用來表達演講者的感情，使之形象化、具體化。

五是號召手勢，這種手勢表示領導者、組織者滿懷信心，鼓舞群眾實現偉大的目標。

一個人的手勢根據手的動作所處的位置通常可分為：

1. 上區（肩部以上）。這種動作通常用來表達理想的、宏大的或者張揚的內容和情感，例如殷切的希望、勝利的喜悅、未來的展望、美好的憧憬或者幸福的祝願等。

2. 中區（肩部至腹部）。這種手勢通常用在記敘事物和說明事理時，此時心情較平靜。

3. 下區（腹部以下）這種手勢常常用來表達憎惡、不悅、卑怯的內容和情感。

第四章　形象為王：姿態決勝負，形象更出彩

　　在交談中，說話者手掌伸開手心朝上，表示他誠實、直率；如果他一邊說話一邊用手指指點點，那麼他可能相當自負；如果他一邊說話一邊擺弄手指，或用手指彈桌子，表示他內心緊張；如果在談話中他用單手握拳，拳臂向上，好像在宣誓的樣子，這時你可得小心點，他雖然表面上裝得老實，內心卻可能打著什麼主意。

　　生活中，人們常常用手勢來增強口語的感情色彩，比如高興時常常會拍桌子、捶腿、摸鬍子；悲痛時捶胸脯，為難時會搓手，悔恨時自拍腦門，稱讚人會豎起大拇指。蔑視、小看人時會伸出小拇指。第二次世界大戰期間，英國首相邱吉爾（Winston Churchill）在結束電視演講時，舉起右手握拳，伸出食指和中指構成「V」字形，以象徵英文「勝利」一詞的開頭字母，結果引起了全場歡呼。至今人們還常用這個手勢來表示祝願和信心。

　　在演講中，手勢可以激勵人心。列寧的手勢就是一例，他在演講時，喜歡站在靠近聽眾的地方，講到激動處，身體迅速前傾，用手急遽地、有力地向前一揮，手心朝上。這些絕妙的手勢，正如史達林（Stalin）所讚揚的那樣：「把聽眾俘虜得一個不剩。」

　　手勢還具有替代功能。它可以透過手指、手掌、手背的動作變化替代語言和內心感情。例如聞一多先生在〈最後一次演講〉中談到反動派殺害李公樸先生時，激憤地用手敲擊桌子。這

> 手勢是口語表達的第二語言

種手勢是此時各種情感反應和情感狀態的集中表現形式，比語言更有力地表達了聞一多先生的憤慨心情。

　　在運用手勢時要注意緊密配合語言，做到協調一致。也就是說，手勢的出示要與語言同步，不能過早也不能過晚。更不能說東指西，說西指東。另外，手勢還要大方自然，幅度不可過大也不可過小：過大，會讓人覺得說話者不穩重，張牙舞爪；過小，顯得拘謹呆板，缺少風度。手勢是最有力的表情動作，在交談中手勢不僅可以加強語氣，而且還可以使靜態的語言具有動態，使表達變得有聲有色，因此，善於表達的人講話時十分注意手勢的運用。

　　手勢在交際中有時還能獨立地表達某種意見，如翹大拇指表示稱讚、誇獎、了不起的意思；翹小指表示蔑視、貶低、差勁的意思；招手為來，揮手為走；伸出不同的手指還可以表示不同的數字。

　　有些人初次遇到較正式的場面，或沒有心理準備而出現在一些陌生人面前時，不知所措，不由自主地搔頭皮，這種下意識的手勢動作反映出其窘迫心理和為難。交談時，當說到自己，不要用手指著自己的鼻子尖，應將手按在自己的胸口上，以顯示端莊、大方、謙虛和斯文；說到別人，不能用手指著別人，尤其是在別人背後指指點點，是最不雅觀最不禮貌的。介紹別人或為某人指示方向、請某人做某事時，應掌心向上，由內向外，

第四章　形象為王：姿態決勝負，形象更出彩

自然地伸開手臂，這樣顯得尊敬、有禮、謙和。手勢表現著人們的內心思想活動和對待他人的態度，熱情或者勉強在手勢上可以明顯地反映出來。

在今天的文明時代，有人能夠掌握三、四種語言，那麼手勢是否和過去一樣，依然有自己特有的功能呢？這是毋庸置疑的。無論在國際交流、學術會議還是體育比賽等活動中，無數人透過手勢語促成人與人之間的第一次接觸，彼此產生了好感。有時候，意味深長的手勢，其作用遠遠超過娓娓動聽的語言。

手勢語是幾千年人類文化不可分割的一部分。在科學高度發達的今天，手勢語儘管已經從「主語言」降格為「輔助語言」，但是仍然由於其特殊性質和作用，是人們交際不可缺少的一部分。

用微笑打造與眾不同的親和力

在這個世界上，如果有什麼是廉價的，卻又最能獲得他人的好感、消除人們戒備心理的東西的話，那就是微笑。

沙威旅館的總經理卡洛是個忙碌的人，他每天要面對很多問題，旅館裡大大小小的事情他都放在心上，但是他從來都處理得井然有序。《時代》雜誌的記者在採訪他的時候，卡洛說：「我性格中最有用的一部分就是『多數時候都在笑』，因為微笑可

用微笑打造與眾不同的親和力

以避免很多問題。」

正所謂伸手不打笑臉人,經常保持微笑的人通常能夠受到他人的歡迎。那些聰明的人在和他人交流的時候往往會微笑地與對方相處。對於他們來說,微笑就是一種生活必需品,它就像呼吸和吃飯一樣必不可少。世界名模辛蒂·克勞馥(Cindy Crawford)曾說過這樣一句話:「女人出門時若忘了化妝,最好的補救方法便是亮出你的微笑。」這就是微笑的神奇力量。在演講中,微笑法則也是普遍適用的拉近雙方距離的好方法。

當在聽眾面前微笑的時候,眉梢眼角乃至臉上的每條線條都會呈現出向上的趨勢,眼睛、嘴角就會像是一彎月牙,聽眾一看到這種積極、讓人開心的表情就會看到你的善意和快樂,然後,不自覺地被你的善意和快樂所感染,進而喜歡你、接納你。這樣,雙方就能夠做到有效的情感傳遞和心靈溝通,在必要的時候,你可以輕而易舉地說服對方,將朋友轉化為支持者,將反對者變成朋友。

一位成功的演講者除非需要用嚴肅的表情來強化自己的力量感,否則每次發表公開演說的時候只要一出現在講臺上就會滿面笑容,那陣勢就好像他十分高興能站在那裡,十分高興能對聽眾做演講,十分高興能夠見到大家的樣子,聽眾經常被他的親切所感染,情不自禁地熱情歡迎他。相反,如果演講者冷冷淡淡、扭扭捏捏地走上講臺,臉上一副很討厭站在臺上演講、恨

第四章　形象為王：姿態決勝負，形象更出彩

不得馬上結束演講的表情，聽眾也會產生同樣的感受。

所以，在演講中，微笑是一種化解聽眾的抗拒、不滿並贏得聽眾支持的利器，聰明的人，一定要善於利用微笑。記住，當我們開始演講感到緊張的時候，不管忘記什麼也不要忘記笑容，那是對自己最好的鼓勵和對聽眾最大的吸引。

不過一定要注意，微笑要自然、真誠，而且要符合場合的需求。微笑是一種良性的臉部表情，反映出一個人的內心世界，是自信的代表、禮貌的象徵、涵養的外化、情感的表現。在演講中可以象徵著性格的開朗與溫和，可以建立融洽的氣氛，消除聽眾的牴觸情緒，可以激發感情，緩解矛盾。我們可在下列情境中運用微笑技法：

（1）表達讚美、歌頌等感情色彩時應微笑。要博得別人的笑，自己首先要笑。

（2）在上臺與下臺時應微笑。這樣可拉近與聽眾的距離，把良好的形象留在聽眾心中。

（3）面對聽眾提問時，送上一個微笑是無聲的讚美與鼓勵。

（4）肯定或否定聽眾的一些言行時，可以配合著點頭或搖頭，臉掛微笑。

（5）面對喧鬧的聽眾，演講者可略停頓，同時面掛微笑，是一種含蓄的批評與指責。

但是要注意的是，演講中不能從頭到尾一直微笑，否則會讓人覺得你戴了一個假面具上臺演講，沒有感情的起伏變化。

一定要記住，下列情況不適合面帶微笑：

（1）表現悲痛、思考、痛苦、憤怒、失望、討厭、懊悔、批評、爭論等情緒或狀態時不能微笑。

（2）演講者已完全放開，不覺緊張，沒有必要運用微笑來控制情緒時，可不必微笑。

另外，演講中的笑容要隨內容和感情變化而變化：有興奮喜悅的笑，也有冷嘲熱諷的笑。演講中，演講者既要注意用自己的笑容去表達內容，感染聽眾，也要保證笑的價值，該笑則笑，不該笑則止。

讓聲音為你的人生加分

我們知道，生活裡不同人物的聲音，你會聽到這些聲音背後的性格。人格的分類大致包含四類：領袖型、影響型、支持型和較真型。領袖型的人聲音是洪亮飽滿的，影響型的人聲音是簡短清晰的，支持型的人聲音是和緩輕柔的，較真型的人聲音是短促有力的。

具有不同聲音特質的人，會有不同的語言質感；不同的語

第四章　形象為王：姿態決勝負，形象更出彩

言質感，來自背後不同的思考；不同的思考又指揮著不同的行動；不同的行動進而會影響性格；不同的性格又促成了不同的命運。

演員Ａ向觀眾展現的沉著穩重的形象和他的聲音經歷有關。當時，僅16歲的他第一次接受的配音角色是一個「老頭」。實際年齡和角色年齡相差這麼大，他是如何演繹的呢？

從音色、語氣和感情的揣摩入手，你會發現我們的聲音有足夠大的潛力去變換成不同年齡的音色。我們可以透過一個人的常用語氣和說話態度，揣摩這個人的性格和感情基調。雖然配音是幕後的工作，但是配音演員往往需要背下劇本裡面的全部臺詞。Ａ花了大量的精力去研究、揣摩與模仿不同角色的聲音特質。在這個過程中不知不覺地完成了聲音和形象的蛻變。

相貌、體型、聲音……這些表象特質具有內在連繫，很多成語也用於形容這種連繫，比如貌如其人、聲如其人、字如其人、文如其人。這些內在的連繫，就是人的性格、情緒、學識、能力等方面的外顯。

人們發出聲音之後，你會發現聲音表現得多種多樣，有清脆、嘹亮、緩慢、急促、平和、舒長等。聲音聽上去悅耳友好、聲淺而清、深而內斂、亮而不濁、能圓能方，這些都是因人們生活經驗的累積而形成的發聲習慣。一個人發出聲音之後，就會或多或少對身邊的人有所影響，這就是為什麼有種說法：聲音好聽的人一開口就贏了。

讓聲音為你的人生加分

　　所以，倘若你開始透過一個全新的角度去傾聽身邊的人，練就靈敏的耳朵與通透的眼睛，你會發現聲如其人、聽聲辨人完全可以實現。

　　比如聲音界的「優等生」—— 領袖型，當聲音能夠代表你雄心的時候，精神面貌也會從內而外起勢強勁。領袖型的人聲音出於丹田，丹田的氣息是其聲音的根本和起源，只要聲根強，經過心胸的過渡和擴張，口中發出的聲音必然響亮。

　　像蔡琴、歐巴馬（Barack Obama）這些人，他們聲音嘹亮，而且言語正直，長相也十分端正。這些人的聲音可以說是聲音界的「優等生」，因為它自帶讓人喜歡的聲音特質 —— 大氣、沉穩、積極、目標導向。現在有些男演員聲音渾厚低沉，充滿領袖型聲音特質，聽起來簡直是一種享受。女歌手蔡琴的聲音磁厚溫潤，有一種深沉的力度和獨特的神祕感，不浮的音色主要是來自蔡琴信心十足的氣息和強大的胸腔共鳴。

　　在印尼發生過一段因一通打錯的電話而引發的「聲音奇緣」—— 一位28歲的年輕人，因為聲音愛上了一位82歲的女性。

　　一天，28歲的索菲安接到了一位名叫博圖的女性打錯了的電話，但他並沒有立刻掛掉，而是不知不覺地與對方聊了一個小時。

　　一個小時的時間也許只是我們上班通勤的單程耗時，但正是這一個小時，索菲安愛上了這個女人的聲音。後來，索菲安

第四章　形象為王：姿態決勝負，形象更出彩

和博圖繼續透過電話聊天，隨著聯絡越來越多，索菲安被博圖的溫柔和體貼所迷住，慢慢愛上了她。隨後，索菲安忍不住親自去見電話中的這位女性，讓他沒有想到的是，博圖已經 82 歲了。儘管如此，索菲安並沒有改變自己的初衷，他表達了自己的愛意，堅持要與博圖結婚。大家對於索菲安為什麼這麼喜歡博圖感到迷惑不解，索菲安說出了其中的緣由：博圖在電話裡說話和介紹自己的方式讓他覺得這是一位非常溫暖、柔和、體貼的女士，她的聲音讓他感覺到一種交流的愉悅。

不同的聲音，傳遞出不同的意念。語言之所以沒有發揮預想的效果，正是因為我們忽略了說話的方式，尤其是互不相見的時候，聽眾只能透過你的語音和語氣來感知你的形象與性格，我們如何說，通常比我們說了什麼更加重要。

現在有越來越多的人更注重語音社交的便捷性，而且相較於文字。語音能更直覺地展現說話人的情緒和態度，從而大致判斷說話人的性格特質，可見聲音對我們社交的重要性。但由於我們常常看不見聲音，因此總在主觀上忽視其重要性。

很多人總是固執地認為，視覺外表是人際互動中唯一的決定項。但事實上，印象是一種多角度的綜合呈現。人的印象可切分為多重比例。對一個人形象的評價，我們有五五、三八、七原則，一個人的形象 55％來自他的外形，38％來自他說話的聲音，7％來自他說話的內容。博圖在電話裡說話和介紹自己的

方式讓索菲安覺得這是一位非常溫暖、柔和、體貼的女士，正是因為這38%的聲音和7%的內容透過電話傳遞出了她的溫暖。博圖的聲音之所以有魅力，歸根結柢，是因為她的聲音有溫度。

抑揚頓挫，讓說出的話充滿節奏感

說話不僅是一個人的外在表現，還是一個人內在修養的表現。一個講話吞吞吐吐、沒有節奏感的人，很難去打動他人，在聽者心中也不會覺得他能說出什麼有價值的內容。只有思路清晰、懂得掌握說話節奏的人才會做出成功的演講。

要想讓說出的話充滿節奏感，讓人留下良好的印象，你需要特別注意以下幾點：

1. 掌握語音變化

口齒清晰、語音純正、語氣生動、表情達意鮮明，這樣往往能使演講更容易入耳入心，打動聽眾，獲得最佳的演講效果。

演講要適當地注意聲調的配合，以形成波瀾起伏、抑揚頓挫的和諧美。

某一次演講中有一段：

一天下午，一發罪惡的砲彈攔腰削斷了一棵碗口粗的大

第四章　形象為王：姿態決勝負，形象更出彩

樹……這時，受傷的戰士們繼續匍匐前進。「嗒嗒嗒」……敵人的高射機槍追打著，戰士們順著山勢向下滾，鮮血浸入了殷紅的土地……

演講者運用了模擬聲音的方式，十分逼真形象地再現了戰士們英勇戰鬥的情景，使聽眾如聞其聲、如臨其境，顯示了生動、形象的感人力量。

古代的詩歌、詩詞都講究押韻。押韻確實能夠展現出音韻美和旋律美，所以，演講也可以適當地運用押韻，研究一下韻腳的自然美。

在演講中，為了吸引聽眾的注意力，加深聽眾對演講內容的印象，更好地表現感人力量，應該用重音讀某些語句。透過重讀，使演講聽起來抑揚頓挫、充滿情感，從而收到良好的演講效果。

2. 掌握演講中的節奏

成功的演講必須具備兩大要素：跌宕起伏的節奏和清晰響亮的語音。演講的節奏帶動著聽眾的情感起伏。演講的節奏是由演講者思想感情起伏變化結構的疏密鬆散，語調抑揚頓挫、輕重緩急以及演講者的舉止等要素，有秩序、有規律、有節拍的組合而成的。

> 抑揚頓挫，讓說出的話充滿節奏感

在演講中，要做到很好地掌握節奏可以參考以下幾點：

(1) 根據會場的情緒和氣氛調整節奏

某一場演講中講道：

一位母親春節到大學看望兒子，可兒子正在實驗室裡聚精會神地工作，母親不忍心驚擾他，來到了他的宿舍，發現三年來兒子用的被褥基本沒拆洗過。母親很心疼，動手拆洗了被子，又去拆褥子。可是當她把褥子掀起來的時候，淚落如珠，眼淚唰地流了下來。

講到這裡，演講者突然停止演講，一聲不響地看著聽眾達30秒之久，此時的聽眾滿腹狐疑，不知因何這位母親淚落如珠，她到底看到了什麼。

正當人們猜測時，他說：「原來整個褥子底下是一片鈔票⋯⋯」

演講者抓住會場聽眾的情緒，運用演講節奏術，使人們融為一體，既有緊張的「提神」，又有鬆弛的「休息」，並且能使聽眾一個勁地往下「追」，褥子底下的鈔票哪裡來的？此刻演講者就像揮動一根魔棒似的，把聽眾的心緊緊地收了起來。

演講者應根據會場聽眾的情緒，適時地用講話節奏的停頓去消除聽眾可能產生的興奮感。

(2) 根據感情表達的需求調整節奏

演講者在一次演講中舉到被迫害「戴手銬」的事例,便採用了緩慢的節奏。他說:

「當時我戴著手銬,我的孩子剛會在地上爬,還不會說幾句完整的話,他總是摸著我的手銬,一邊摸一邊說:『爸,啥?爸,啥?爸爸這是啥?』我怎麼能告訴孩子這是手銬呢?這是關係到一家老小生死存亡的手銬啊!」

這段演講字字錐心,催人淚下。

演講節奏是在感情表達需求的前提下,該快則快,該慢則慢,做到「快有章法,慢有條理」。

當演講者要表達急切、震怒、興奮、激昂的感情時,快速地連珠炮般地講話,便能使聽眾產生一種亢奮感和緊迫感,以激起聽者的振奮與共鳴。當要表達悲哀、思索等感情時,則要放慢節奏,使聽者產生一種深邃感。

(3) 根據演講內容的變化調整節奏

語言的節奏變化主要是透過演講內容的變換來實現的。在適當的地方,插入一些詩文、軼事等的話語,將理論與生動的形象結合起來,如磁鐵一樣,吸引著聽者欲罷不能,如電光石火,照亮每一個聽者的心靈。

總之,在感情、情緒氣氛、內容需求的前提下,演講者進

行有急有緩、有斷有連、有起有伏、有張有弛的語言節奏的變化，就一定會揮灑自如地彈奏出一曲雄渾悅耳的樂章——「曲終收撥當心畫，四弦一聲如裂帛。」

(4) 演講中節奏太快的調整

初次上臺演講者最容易犯語速快的毛病，一緊張就容易像放鞭炮似的劈里啪啦說個不停，而且是一個調子，一個速度。即使他們發現並提醒自己降慢速度後，還是沒有變化。

這裡提醒初次上場的演講者，演講的進行要靈活控制，有快有慢。

就聽眾對象來說：一些年輕的聽眾，精力充沛，反應靈敏，他們的思考和舉止很敏捷，可快一點；對小朋友、老人家演講，因為他們接受遲緩，反應不快，可把音節拉長，停頓可久點，停頓的次數可多些。

就內容感情來說：講述一些熱情、緊急、讚美、憤怒、興奮之類的內容時，不能以「毋庸贅言」代替，敘述那種無法控制的感情，即表示激動的態度時，敘述進入精彩高潮時等可以速度快點。

表述一些平靜、悲傷、莊重、思考、勸慰之類的內容時；講述一些需要聽眾特別注意之事時；講述相關數字、人名、地名時；引起疑問之事時要慢點。

第四章　形象為王：姿態決勝負，形象更出彩

　　就環境而言：演講場合大的，速度可慢點；場合小的可快點；聽眾情緒受到干擾時慢點，情緒旺盛時快點。

別讓聲音與你的風度背道而馳

　　說話與唱歌屬於不同的集體語境，對大眾而言，更多的還是在一種大眾審美的環境中去展示自己。普通人很難駕馭與自己形象太違和的聲音。當聲音與形象不相稱的時候，尷尬就會隨之而來。

　　如何來描述這種違和感呢？相信大家在生活中一定遇到過那種說話聲音和本人形象特別不搭調的情況，比如，體型高大的男性說話聲音卻很輕柔，霸氣女總裁開口說話卻像個孩子。這難道不讓人感到困惑嗎？

　　聲音有大小、長短、緩急、清濁等區別，每次交流都是雙向的過程，當我們的聲音投射到聽眾耳朵裡時，會產生聽眾對我們的主觀印象，這些又會影響聽眾對我們的態度。這是因為人們對聲音存在一種普遍人設模式，這種普遍人設模式就是聽眾心理接受度的數值。

　　聲音是具有生命力的，它如其他生命體一樣具有表層結構和深層結構。比如，世界各地的人們使用的不同語言和同一個

國家不同地域的口音,就是聲音的表層結構。

在表面上我們聽到的是語音的表層,但對於懂得聽的人而言,更重要的是語音中呈現的內在要素,也就是我們個體精神的展現。曾國藩識人方法論中有七個維度:第一神骨、第二剛柔、第三容貌、第四情態、第五鬚眉、第六聲音、第七氣色。曾國藩在《冰鑑》裡曾說:「人之聲音,猶天地之氣,輕清上浮,重濁下墜。始於丹田,發於喉,轉於舌,辨於齒,出於唇,實與五音相配。取其自成一家,不必一一合調,聞聲相思,其人斯在,寧必一見決英雄哉!」

這個方法論的總結,正是曾國藩對於人聲與性格相連繫的規律性總結。當你傳遞的聲音與人們的規律性認知有太大差異時,就很容易使聽者疑慮。

比如交流時,我們常常會因為遭遇到聲音的強大反差,而開始懷疑對方是否能夠勝任某一項工作。例如,體形高大的男性聲音聽起來卻柔柔弱弱的,團隊的負責人聲音聽起來卻沒有信心等等。

除了舉手投足這些肢體語言以及話語能表現魅力之外,一個人的魅力有相當一部分是透過聲音散發出來的。口語的載體——聲音是展現完美氣質的重要法寶。動聽的聲音既能充分傳遞說話者的情感,又能帶動聽者的情感。因此,塑造適合自己的聲音形象對自己思想的表達、與他人的交流,乃至自身的發展都

第四章　形象為王：姿態決勝負，形象更出彩

是至關重要的。

溝通中最強而有力的樂器是聲音。曾國藩識人的其中一個維度，就是側耳傾聽對方說話和發聲——聞其聲而知其人，以此判斷對方到底是庸才還是英才。

奧黛麗・赫本（Audrey Hepburn）在《窈窕淑女》（*My Fair Lady*）這部電影裡面扮演了一個眉清目秀、聰明伶俐，但出身寒微的賣花女伊萊莎。

她每天在街頭叫賣鮮花，賺點錢養活自己並補貼父親。一天，賣花的時候，伊萊莎的叫賣聲引起了語言學家希金斯教授的注意，教授誇口只要經過他的訓練，賣花女也可以成為貴夫人。伊萊莎覺得這是一個機會，於是主動上門要求教授訓練她，並付學費。這位教授在幫助伊萊莎調整她的發音方法時，還從遣詞用語和聲音形象上雙管齊下。

希金斯教授從最基本的字母發音開始教起，對伊萊莎嚴加訓練。隨著伊萊莎語音的改變，她的生活竟然也發生了很多有趣的變化！有一次，希金斯帶伊萊莎去參加自己母親的家宴，有一位年輕的紳士弗雷迪竟然絲毫也認不出她就是曾經在雨中向他叫賣的賣花女孩。他被伊萊莎的美貌和談吐自若的神情深深打動，一見傾心。

這個故事告訴我們，對聲音形象的打造是一件非常值得付出的事情。我們從電影世界和真實世界中都能窺見一二。只做

> 別讓聲音與你的風度背道而馳

小小的嘗試，就可以讓你激發出一個具有無限可能的世界！

電影《窈窕淑女》中，6個月後，希金斯帶伊萊莎和皮克林上校一起出席希臘大使舉辦的招待會。伊萊莎談笑自若、舉止優雅、光彩照人。伊萊莎是以皮克林上校和希金斯教授的遠房親戚的身分參加這次大使招待會的，在招待會上她完全蛻變成了另外一個人，她的待人接物圓滑而老練，又恰到好處。電影演到此處，有一個幽默的場景，希金斯的第一個學生尼姆克為了打探伊萊莎的出身，用盡看家本領與她周旋並引導話題，卻被伊萊莎弄得暈頭轉向，失敗而歸。電影的高潮之處，當赫本扮演的伊萊莎出現並受到女王與王子的青睞後，人們停止了交談，欣賞著她令人傾倒的儀態。希金斯成功了，伊萊莎在招待會上光彩奪目！

希金斯教授不僅為伊萊莎塑造了信念，同時還累積了許多科學方法，剩下的就是伊萊莎自己的堅持，也許只是邁出很小的一步，但當你反覆去做的時候，它就可以徹底改變你的生活，而這僅僅需要你每天花費極少的時間。

想要生活有一個積極的改變，並不意味著要做一次極大的改變。在眾多因素中，透過許多切實的行動而形成一個簡單的方法，是新習慣建立的觸發點。最重要的是，你自己要開始使用這個簡單的方法。因為邁開第一步的困難程度，常常會讓我們高估整件事的可怕程度！

第四章　形象為王：姿態決勝負，形象更出彩

影片中希金斯教授的訓練方法十分有趣、有益又有效。他首先為伊萊莎建立了信念，他告訴伊萊莎：新習慣會讓你獲得很多樂趣與機遇。

「如果改變一件事情會使你的生活變得更好，你會選擇改變什麼？」

「我還沒有想到。」

「當你沒有想到的時候，嘗試改變一下你無時無刻不在用的聲音吧。」

幸運的密碼就隱藏在我們習以為常的日常習慣當中！當你努力地為自己無意識的狀態和習慣重新引入一種新的不同的方式時，你會發現，生活的軌跡也在不知不覺中發生了大逆轉。而被人忽視的聲音，就具有這樣一種強大的力量！

用面部表情去感染聽眾

表情是一個人內心世界的外在表現，它也是反映演講者心理狀況的「晴雨表」，我們可以用面部表情來調節氣氛，幫助自己表達思想。明白常用表情的含義，把它們正確地運用到自己的演講中，能發揮很好的輔助表達的效果。

面部表情與眼神是密切相關的。其實，眼睛的傳神常常是

> 用面部表情去感染聽眾

與面部其他部分的活動相配合進行的。眼神離開了面部其他部分的活動，其表情達意作用就必然受到影響。面部表情非常豐富，許多細微複雜的情感，都能透過面部種種表情表現來表達，並且能對口語表達產生解釋和強化作用。演講者要善於體會面部表情的各種細微差別，並且要善於靈活地駕馭自己的面部表情，使面部表情能更好地輔助和強化口語表達。

適當運用面部表情，要適事、適情、適度、適時、要做到真實自然，喜怒哀樂都要隨著演講內容與思想情感的發展需求而自然流露，千萬不可「逢場作戲」，過分矯揉造作，那樣會讓人感到滑稽與虛偽。當然，也不能夠面無表情，一臉嚴肅，令人感到枯燥壓抑。演講者的面部表情和口語表達一定要協調一致，要可以鮮明準確地反映自己內在的思想情感。面部表情以及有聲語言的表情達意應當同步進行。為了合理交流感情，傳遞訊息，千萬不可以表現出譏諷的表情、油滑的表情、傲慢的表情、沮喪的表情。這些表情都會在聽眾中產生非常惡劣的影響，形成「離心效應」。

美國著名教育家卡內基（Dale Carnegie）在談到羅斯福的演講時，稱讚他全身就像是一架表現感情的機器，他滿臉全是動人的情感，這令他的演講更勇敢、更有力、更活躍。

在演講中，微笑及平和是臉部表情的主要內容。

不能讓演講帶來的緊張壓力將你的臉變成一張緊繃的「撲克

臉」。自然的面部表情能夠為有效溝通提供又一條管道。普遍來講，面部表情的變化首先在於預報了氣氛或心情的轉換。

你沒有必要事先對著鏡子練習微笑、鬼臉以及怪相——你所需要做的僅僅是在正常表情的基礎上略顯誇張而已。在近距離接觸中，可以發生作用的微妙臉部變化，後排聽眾是感覺不到的。

很多普通的演講者不懂得運用自己的面部表情，無論內容怎樣轉折變化，無論感情怎樣波瀾起伏，自始至終都是一種表情，就像是面部表情和思想感情的變化沒有任何關係一樣。這不僅會向聽眾灌輸一種麻木、呆滯的錯覺，而且對自己思想感情的表達也沒有任何益處。

要豐富臉部表情，就要多多了解臉部表情的意義。

（1）突出下顎代表攻擊性行為。

（2）撫弄下顎代表掩飾不安或胸有成竹。

（3）縮緊下巴代表畏懼與馴服。

（4）下顎上抬，將鼻子挺出，是自大、傲慢、倔強的表現。

（5）傷心時嘴角下撇，開心時嘴角後拉，仇恨時咬牙切齒，驚訝時張口結舌，委屈時撅起嘴巴，忍耐時咬住下唇。

（6）用手摸鼻子，代表懷疑對方。

（7）用手摸耳垂代表自我陶醉。

用面部表情去感染聽眾

懂得了面部表情的含義,那麼我們怎麼運用到演講活動中呢?建議如下:

(1)怎樣表示愉快:眉毛平展,眼睛平瞇,面頰上提,嘴角後拉,瞳孔放大。即是「眉毛鬍子笑成一堆」。

(2)怎樣表示不愉快:眉毛緊鎖,面頰下拉,嘴角下垂,面孔拉長。即是「拉得像個馬臉」。

(3)怎樣表示有興趣、高興、幸福、興奮、快樂:嘴角向上,眉毛上拋,口張開,鼻孔開合程序正常,瞳孔放大。有時伴有流淚、笑聲或拍打身體等動作。

(4)怎樣表示嘲笑、蔑視等表情:眉毛平或撮,視角斜下,抬面頰。

(5)怎樣表示生氣、發怒的表情:眉毛倒豎,嘴角拉開,眼睜大,緊咬牙關。這種表情最富攻擊性,演講中不要用得過多。

(6)怎樣表示哭泣、痛苦等表情:瞇眼、張開嘴、皺鼻、皺眉、嘴角下拉,配合有聲傳遞。演講中這種表情不能過度使用。

(7)怎樣表示恐懼、驚愕的表情:眼睛與口張開,眉毛高揚,倒吐涼氣。

第四章　形象為王：姿態決勝負，形象更出彩

在演講中加上自己的姿勢語言

在說話中，用身體的運動姿勢去輔助語言，可以更準確、更有效地表情達意，從而形成一種動態的形象，減少由於單調而帶來的疲倦感。這種動態的表現有兩種：一種是有意的，具有明確的意義，可代替語言溝通，如點頭表贊成，搖頭表反對或不知道；另一種是無意的，沒有確實含義，只是伴隨有聲語言而動作，如隨意性揮手。

在演講中，如果能恰如其分地加上自己的姿勢語言，將會讓你收穫意想不到的效果。一起來看看下面幾種姿勢語言：

1. 學會使用手勢

在身體的運動姿勢中，手勢是最富有生命力的，手的表達能力僅次於臉部的表情，因此，我們說「手是人的第二張臉」，是特殊的說話表情。在一般的說話情況下，手擺放的位置要自然、得體，切忌插在衣袋裡，或者雙臂交叉放在胸前。那樣，會顯得對聽眾不尊重，自己也好像被捆住了一樣，手勢的使用要為聽眾所理解、接受，要服從說話內容的需求。

手勢是一種表現力很強的體態語言，它透過手和手指間簡單的活動變化使所要表達的思想和情感內容更加豐富多彩，從

而使講話的吸引力和說服力更強，所以有人說：「手勢是口語表達的第二語言。」

2. 學會用首語

什麼是首語？實際上它是指透過頭部活動傳遞的訊息。它囊括側頭、點頭、昂頭、搖頭、低頭等。這裡所論述的首語，只是指頭部的整體活動傳達的訊息，並不包括頭部的器官傳遞的訊息。

歪頭、側頭也包括多種含義，可表示思考、天真。像是小孩子在聽大人說話或者在思考一個問題時，總喜歡歪著頭，並托著腮幫。

昂頭可以用來表達勝利在握、目中無人、充滿信心、驕傲自滿等。頭一直往後仰，還表示陶醉。

搖頭表示這樣一些意思：否定、懷疑、不滿、拒絕、反對、不理解、不同意、無可奈何等。

點頭可以表達這樣一些意思：感謝、肯定、致意、贊同、應允、同意、承認、滿意，也可以表示理解、順從等情緒。

低頭表達的情緒有：聽話、順從、委屈，也可以表達另有想法等。

在首語的運用方面我們需要注意以下一些原則：

第四章　形象為王：姿態決勝負，形象更出彩

（1）動作要明顯，特別是它發揮替代功能之時。例如究竟是點頭還是搖頭，需要讓對方看清楚，正確領會。

（2）要注意配合其他交際語言共同使用，例如是點頭時配合「嗯」，就不會產生誤會。也可以配合其他肢體語言使用。有很多成語便表現了這一特點，例如「昂首闊步」、「點頭哈腰」等。

（3）要注意一些文化存在的差異，前南斯拉夫的塞爾維亞人表示同意是把頭向前伸，土耳其人表示不同意要把頭抬起來，尤其是保加利亞與印度的某些民族，用搖頭表示肯定，用點頭表示否定，和我們的日常習慣恰好相反。這便要求我們在和這些存在文化差異的民族互動之前，首先要弄清楚他們的習慣。

（4）要注意與聲音語言的自然配合，要做到動作明顯，可以讓對方正確理解以免造成誤會。

（5）首語的使用頻率不能過高，儘管在聆聽對方說話時，適當地點頭或者側頭會使說話的人感到你在用心聽，不過過高的使用頻率卻會影響說話者的注意力或讓人感覺你有點膚淺。

我們在生活中經常看到一肚子學問而訥於言辭的人，也經常聽見不學無術的人廢話連篇。所以，最恰到好處的說話是：既要有充實而有價值的內涵，又要掌握分寸和火候，使人聽得痛快，回味無窮。

第五章　拿捏分寸：
分寸有講究，說話更得體

第五章　拿捏分寸：分寸有講究，說話更得體

最聰明的說話，看透但不點透

古人說「人非聖賢，孰能無過」，誰都有犯錯的時候，其實錯誤並不可怕，可怕的是人們的態度。對於他人犯的錯誤，掌握好指責的分寸是很重要的。在日常互動中，可以抱著看破不說破的態度，有些事只要大家心裡都清楚就可以了，不必事事都弄得非常明白。

案例一：

一位老太太在某購物中心為丈夫購買了一套西裝，拿回家給丈夫穿了一天後，丈夫並不是很喜歡這套西裝的顏色，老太太便把西裝送到乾洗店，洗完包好後拿到商店去退貨，並對店員說：「這套西裝保證沒有穿過。」

店員拿過西裝看了看，發現有乾洗的痕跡。不過，店員並沒有當場指出，也沒有挑明老太太在說謊。她擔心如果直接說出來的話，老太太可能會為了自己的面子死活不承認，如果再大吵大嚷，那影響就很不好了。

於是，她主動幫老太太找了一個臺階下，她微笑著說：「夫人，我覺得可能是您的家人把衣服送去洗衣店時搞錯了，把這套西裝也送去了。前段時間我自己身上就發生過這種事，我把新衣服和舊衣服放在一塊，結果我丈夫把衣服都送去洗了。我

想,您是不是也碰到了這種情況呢,因為這套西裝的確有乾洗過的痕跡。」

老太太知道自己被對方識破了,只好借坡下驢,說:「肯定是我家那老頭,一定是他搞錯了。」說完就拿起衣服離開了購物中心。

案例二:

在一次會議上,張教授與一位藝文評論家巧遇。互通姓名後,張教授首先對這位文藝評論家笑著說:「久仰久仰,早就聽說您對星宿很有研究,稱得上是位大名鼎鼎的天文學家。」

評論家半天沒能反應過來,以為是張教授認錯了人,連忙說:「張教授,您可真會開玩笑,我只是寫藝文評論的,並沒有研究什麼天文現象。您也許是弄錯了。」

張教授義正詞嚴地答道:「我沒有跟您開玩笑啊。在您發表的文章裡,我經常看到您不斷發現什麼『著名歌星』、『舞臺新星』、『歌壇巨星』、『文壇明星』等眾多星宿,想來您必然是個非凡的天文學家。」

他這一席話弄得這位評論家極為尷尬,評論家一句話也沒說,坐了一會就走了。

為人處世,儘管需要練就一雙「火眼金睛」,同時也要去做一個「悶嘴葫蘆」,這樣才能確保萬無一失。

第五章　拿捏分寸：分寸有講究，說話更得體

「看透不說透」是一門人生學問。誰沒有出錯的時候？假如只是一味地洩私憤、橫加批評、說諷刺話，一味地數落對方「你怎麼這麼笨」、「你怎麼總是這樣」、「你這樣做太不應該」等等，是非常不妥當的。

當一個人做錯事或者行為不當時，他的內心也會反省，會感到抱歉、惶恐、不知所措，這時，如果再去指責他，等於在他的傷口上撒鹽，對方很可能因為指責而羞愧難當，甚至一蹶不振。這種情況下，不如換種方式，說一些諸如「我相信你以後肯定不會再犯同樣的錯誤了」，或者「今天你又為成功鋪就了一塊墊腳石」之類的話，就會讓對方重拾信心，對你感激不盡的，同時也會在以後的工作、生活中，更加謹慎、仔細。

說話留餘地，不把話說絕

正所謂「事不能做絕，話不能說滿」，說話和做事一樣，都要留有餘地。說話不要太滿，才能替自己留有迴旋的餘地，前可進，後可退，這樣才能在社會上立足。

古希臘神話裡流傳著這樣一個故事：

一天，衝動的光明之神法厄同駕馭著裝飾豪華的太陽車在天上肆意馳騁，橫衝直撞。在一處懸崖峭壁的拐角處，他與迎

面而來的月亮車不期而遇。法厄同想依仗太陽車沉重結實的優勢給月亮車一個難堪,於是他駕馭太陽車急速向月亮車駛去,想逼月亮車落荒而逃。

正當法厄同看著無處可逃的月亮車幸災樂禍時,卻發現由於太陽車速度太快,已經來不及避開前面高聳的懸崖峭壁了。在法厄同的驚呼聲中,太陽車撞在了巨大的峭壁上。

這個故事告訴我們,做事要留有餘地,不要把事做絕,否則就失去了迴旋的餘地。實際上,說話和做事一樣,都要留有餘地,不能把話說絕。否則,最終害的一定是自己。

顧豔是一家網路公司的文員,有一次,因為一點小事,顧豔和辦公室同事田浩發生了摩擦,並爭吵起來。其實,工作中發生摩擦是很正常的事,彼此寬容點也就過去了。但是,顧豔咄咄逼人,對田浩說道:「你聽好了,從今往後,我們就當不相識,你不是我同事,我也不是你同事。」

幾個月後,田浩被上級提拔為部門主任,變成了顧豔的主管,這讓顧豔十分尷尬。她因為自己曾經說過不留情面的話,從而斷了自己的退路,不得已,顧豔向主管遞交了辭呈,離開了這家公司。

說話不留餘地,不僅會將自己陷於無路可退的境地,還會讓別人產生反感。比如,公司主管將一份緊迫的工作交給你

第五章　拿捏分寸：分寸有講究，說話更得體

做，為了討老闆的歡心，你拍著胸脯接下這份對你來說難度很大的工作。

規定的時間到了，主管卻沒有看到他想要的結果，這時，你才懷著歉意對主管說：「這件事有點困難，所以才完成一半的工作。」試想，要怎樣通情達理的主管才會接受你這種說辭呢？

即使有這樣通情達理的主管同意延長你的工作時間，但你在他心裡的印象一定會大打折扣，對主管而言你就是言而無信、好吹牛皮、不值得信賴的員工。這就是說話太滿、不留餘地的後果。如果一開始你就這樣說：「主管，我努力在規定時間內做完。」即使到了約定時間你沒有完成工作，我想主管也不會為難你，相反會對你說的話感到滿意。

現代社會發展日新月異，變化可能是唯一不變的東西，把話說死，不留餘地，一旦事情有了不利於己的變化，就難有迴旋的餘地了。因此，一定要謹記，說話不要過滿，留有讓自己迴旋的餘地，才可立於不敗之地。在平時說話時，一定要注意以下幾點：

1. 話不要說過了頭，違背常情常理

萬事萬物都有道理可循，話也是根據情理來說的。如果違背了常情常理，就會給人留下把柄。所以，在人際互動中，切

記不要說過了頭，過頭就違背了常情常理。

下面是兩個襪子銷售員的解說，他們的產品是同一款襪子。

第一位銷售員左手拿起一隻襪子，右手打開一支打火機，放在襪子底下，火苗輕快地晃動，穿過襪子，襪子仍然完好無損。接著他介紹了一遍襪子的好處。這時一位顧客也拿起打火機要燒襪子，銷售員立刻阻止他說：「襪子並不是燒不著，我只是證明它的透氣性好！」大家一聽售貨員這麼一解釋，彷彿恍然大悟，一些顧客開始散去。

第二位銷售員也和上面一位的推銷方式相同，不過她在燒過襪子之後，又向大家做了一番科學的解釋，她說：「當然，襪子並不是真的燒不著，我只是用一個科學的方法來證明它的透氣性好。襪子也不是穿不破，就是鋼鐵也會磨損的。」這樣的解說並沒有給愛挑剔的顧客留下任何話柄。接著，就是對襪子的詳情介紹了，而她身邊的顧客很少有空手走開的。

2. 話不要說得太絕對

話說絕了，就沒有迴旋的餘地。一旦事情的發展不順利或者出現變故，就會導致無法按時按量完成，即使不是你自身的原因，你在對方的眼中也可能成了一個言而無信的人。答應別人辦事時，可以說「我試試吧」或者「我盡量去做」等，盡量不

第五章　拿捏分寸：分寸有講究，說話更得體

要說「這事包在我身上，絕對沒問題！」或是「放心交給我吧，一定萬無一失」之類的話。

3. 話要說得圓滑

當我們很明確和某人交談的目的時，說話就要圓滑一些，說話太過直白，即使自己一方有理，也容易激起對方的惱怒。說話時，用圓潤一些的話語與人交談，迴旋餘地大，也更容易達到交談的目的。

不輕易許諾，多考慮後果

很多人喜歡信口開河、輕易許諾，因為他們始終認為自己要在別人面前表現得無所不能，甚至於能摘下天上的星星。正是基於這樣的想法，他們心裡也會想當然地認為自己真的是沒有什麼不能做的，更沒有什麼不能說的。於是在工作中，尤其是一些主管，他們對下屬、上司總是拍著胸脯說：「沒問題，這事就包在我身上，絕對能夠做好。」面對來自上司的嘉許、下屬的敬仰，自己的虛榮心獲得了極大的滿足。至於他們所保證的那件事情是否能辦好，根本不在他們的考慮之列。對於很多人來說，許諾是一件再容易不過的事情，因為不需要付出任何東

> 不輕易許諾，多考慮後果

西，只需要一張嘴，就能夠贏得下屬的擁戴和讚賞。實際上，這些都是暫時的，一旦你所許出的諾言沒有得到實施，眼看自己當初的承諾兌現不了，你就會暗暗著急了，而自己也顏面無存。

很多人在公共場合總是喜歡吹噓自己的能力、自己的一些豐功偉業，來滿足自己在人前的虛榮心理。而這時候，有的下屬就會趁機提出自己的請求，他們為了顯示自己的能力，常常不仔細思考就滿口答應下來。其實，人之所以那麼喜歡輕易許諾，是存在著許多原因的，下面我們就來簡單地分析一下。

1. 輕易許諾的原因

生活中，有很多人喜歡順口答應別人託付的事情，而實際上卻無法做到，這無疑就是一張空頭支票。作為一個主管尤其要避免這一點。有些剛上任的主管，由於過分相信自己的實力，特別是在下屬的吹捧下，很輕易地就會答應下屬：「這件事情我一定幫你辦妥。」然而實際卻往往做不到。這樣很容易在下屬心中留下一個「不守信用」的印象。因此，對於一個主管而言，不能輕易許諾。有些人之所以喜歡許諾，其原因有三點：

（1）為了滿足自己的虛榮心。其實，我們輕易許諾的內在原因主要還是在於滿足自己的虛榮心理，很多人為了在人前顯示自

第五章　拿捏分寸：分寸有講究，說話更得體

己的無所不能，於是面對下屬的請求，總是滿口應承下來。一來，他不希望自己在下屬面前表現得毫無能力，二來是為滿足自己那種能夠呼風喚雨的虛榮心。

（2）許諾能激發人們的情緒。只是一句簡單的話語，就可以換來下屬或員工努力工作的回報，那何樂而不為呢？於是，很多人不仔細考慮實際情況，就開始許諾，並且為了鼓舞下屬或員工的士氣，許諾的級數更是越來越高，最後只能落個言而無信的下場。

（3）開口許諾非常容易。許諾並不需要馬上就去兌現，在有的人看來，許諾是最容易的事情，只要自己能夠張嘴，就可以滿足下屬的願望。所以他們樂於許諾，「這個月你的薪水能調漲」、「年底一定會分紅」，可是當他的話最後根本沒有實現的時候，他只好能躲則躲了。

2. 許諾容易，兌現難

有的人在對別人許諾的時候毫不猶豫，一口就答應下來，可是等到最後，自己卻沒有做到，使自己失信於人。其實我們講話時不要輕易許諾，主要是因為你開口許諾容易，但兌現諾言卻是相當困難的，一旦許諾不能變為現實，無疑就是搬起石頭砸自己的腳。

> 不輕易許諾，多考慮後果

孫先生是一家外貿公司的地區市場負責人，他一直想解決分公司的銷售問題，於是就抓住每一個機會向業務部門提出種種計畫。當他每一次出差到總公司時，就向銷售科長說：「我們在 A 地區那邊的產品銷售量增加，要求增加該地區的供應量」、「目前 B 地區銷售量不佳，應該減少貨源」、「顧客普遍要求送貨上門，我們是否考慮創辦這項業務，既方便顧客也能保持客源」等。每一次他提出這些問題時，銷售科長都會回答他說：「好的，知道了，我可以考慮一下。」或者說：「我先向上面的主管彙報一下，研究一下，然後再給你答覆好了。」每次都是這樣，總是無法給孫先生一個明確的答覆。

一轉眼兩個月過去了，而孫先生申請中提到的那些事還是一點變化也沒有。孫先生想盡各種辦法，透過廠長向總公司的常務董事提出報告。常務董事聽後說：「原來是這樣，我知道了。我會好好安排，讓銷售科長去辦妥此事。」孫先生從常務董事處聽到此消息後，非常高興，以為銷售問題可以馬上解決了，於是告訴員工和顧客問題很快就會解決，這只是時間的問題。

又過了三個月，還是一點動靜也沒有，到了第六個月，才有了小的銷售變動，不過，只是些表面的工作而已。至此，下屬和顧客對孫先生也越來越不信任了。

其實，孫先生確實做了很大的努力，但是下屬和顧客仍不免

第五章　拿捏分寸：分寸有講究，說話更得體

在背後指責他。錯並非在孫先生本身，由於他急於解決問題，卻沒考慮事情到底什麼時候能夠解決下來，就想當然地向下屬和顧客做出承諾，才白白惹來這些非議。

在很多時候，當我們聽到下屬的請求時，以為事情很容易解決，於是就一口應允，而沒有周全地考慮到各種可能出現的意外情況。等到事後，由於情況突然變化，或者自己判斷失誤，導致事情遲遲不能解決時，就會失信於下屬。

不要急於表達，要讓對方聽明白

不知道你有沒有遇到過這樣的尷尬：

當幾個朋友或幾位同事在一起聊天的時候，其中某個話題勾起了大家的回憶，本該是一段很有意思、很能引起大家共鳴的故事，而你卻因為內心興奮，語無倫次地講了許多話出來……而你還沒有講到高潮的地方，其他人的注意力就已經轉移到了別的地方，新的話題已經開始了，只剩下你一個人還在之前的話題之中，但已經沒有人在意你了。這種時候，你是該繼續說剛剛未完的話題，還是該加入新的話題中呢？

生活中，雖然大家並不討厭快人快語的人，但絕大多數時候也不太喜歡與快人快語的人共事。

因為講話語速過快的人，說話就像機關槍一樣一串一串地講出來，有時連他自己都不知道自己要表達什麼，更別說讓聽的人聽懂了。

崔紅是一名醫院的護理師，工作能力非常強。但是她講話時有一個毛病，那就是語速過快。很多跟她對接的同事、病患都無法聽清楚或者是思考趕不上她的話語。一次，一位年輕的女士要做備孕前的身體常規檢查。崔紅把這位女士的檢查碼拿給她，然後就著急地對她說：「先到三樓化驗室抽血，把檢查碼給值班護理師，然後到一樓測身高體重，再到三樓尿檢……」

由於崔紅說話很快，那位女士沒聽清，就讓崔紅又跟她講了一遍。

跟第一遍一樣，那位女士還沒有在腦子裡記下這些東西，崔紅又講完了。

「不好意思，你再跟我說一下，剛才我還是沒記下來。」那位女士又問了一遍。

當問到第三遍的時候，崔紅發火了：「拜託，我這裡很忙，你不要再問我了，好嗎？」

那位年輕的女士聽了崔紅的話，臉上掛不住，也很氣憤地說：「我不問你，我問誰！」然後兩個人就越說越激動，吵了起來。最後還是護士長過來才解決了這件事。

第五章 拿捏分寸：分寸有講究，說話更得體

你看，語速過快的人不僅會讓對方產生錯誤的理解，很可能還會讓彼此產生誤會和摩擦。

講話急速的人往往還會有這樣的特點：講話聲音很大、情緒容易激動。而這些特點，往往都是惡性循環的。講話語速越來越快，而且聲音越來越大，情緒也越來越激動，然後講話速度就變得更快，甚至開始邊講邊唾沫橫飛……這個時候，別人肯定都不願意繼續聽你講下去了。

同樣一句話，由於表述者的語速、語氣不同，會得到不同的結果。比如，緩慢平靜地問：「你為什麼還沒有把這件事情做好呢？」跟語氣快速又急切地問：「你為什麼還沒有把這件事情做好呢？」，聽者產生的理解就不同。前者給人的感覺就是一般性的疑問，但後者這樣的說話方式就會讓聽者自動在腦海中補上一個感嘆號，有質問的意思，從而產生不必要的誤解。

此外，語速過快、情緒過激還會讓你受到別人的厭惡。想像一下，在一個公共場合，大家都在營造一個輕鬆愉快的氛圍。只有你情緒激動、手舞足蹈地高談闊論，彷彿這個世界都要聽你講話……這樣的你，能不被人嫌棄嗎？

「交流」是兩個人的事。只有在你講的同時，對方能根據你講話的內容，正確領悟、採取行動，這樣的交流，才算有意義。如果只有你滔滔不絕地講話，沒有為對方留出任何思考時間，對方就無法理解你的講述，那麼你們的談話就是浪費時間。

> 不要急於表達，要讓對方聽明白

　　特別是一些年齡稍長或者是聽覺有障礙的人，他們接受語言訊息的能力本來就比平常人慢，思考敏捷度會稍微差一點，因此，「慢」一點跟他們說話，他們才能理解得更透澈，才能讓你們的溝通產生實際的意義。

　　說話語速快、語調誇張、抑揚頓挫的人，讓別人思考跟不上，往往很難說服對方；相反，那些語速緩慢、沉穩有力，懂得適時停頓的人，讓別人能夠容易理解他講的內容，則更容易有說服力。所以，講話，說「慢」一點才會讓彼此的交流既達到目的，又更高效。

　　一般來講，說話快，跟講話者的心理壓力有關。講話者會擔心聽自己說話的人沒有耐心，所以想盡快把自己的意思表達出來。

　　其實完全不必有這樣的擔心。既然你跟他有必要的交流，那對方肯定會給你足夠的時間把事情講完；如果他對你的講話有意見，就會提出疑問，你也沒有必要覺得不自信而過分緊張。

　　另外，在日常工作、生活中要積極地進行自我鍛鍊，養成講話慢一點的習慣。比如，平時有意用比較緩和的方式，心平氣和地和家人說話；找一個說話慢的人，與他經常交流、聊天；時間長了就會慢慢養成說話平緩的習慣。這樣才能讓聽你講話的人更高效地接受你的談話訊息。

第五章　拿捏分寸：分寸有講究，說話更得體

說服行動開始前，鎖定明確目標人物

無論是在工作還是生活中，你在開始說服行動之前就應該鎖定明確的目標人物，找對說服對象，才能事半功倍地實現我們的想法。

敏敏是一位地毯銷售員。一次，她向一位顧客推銷地毯，與顧客聊得很投機，顧客對地毯的品質也很滿意，當時表現出來的購買欲望也很強烈。

沒想到幾天後，這位顧客卻買了另一家供應商的地毯。這其中的原因是什麼呢？原來，顧客回家後，就把和敏敏溝通的地毯的情況告訴了妻子，而其妻子更傾向於另一家供應商的地毯。因為顧客家裡的裝修裝飾都是其妻子負責打理的，所以顧客雖然對敏敏的地毯比較感興趣，但最終還是聽從了妻子的意見，選擇了另一家供應商的地毯。敏敏錯就錯在找錯了推銷對象，她把顧客當成了唯一有決定權的人，卻不知向顧客的夫人推銷才是上策！

這個小小的案例告訴我們，在開始說服行動之前，我們就應該明確目標。然後還應該要明確說服的目標對象，即那個能幫我們實現目標的人。

如果我們索要退款，那麼就直接去找該公司主管，而不用

找公司財務；如果我們想要得到加薪，那就去找老闆，而不是找人資……總而言之，我們要去找那個能夠解決問題的人，並說服他，才能實現目的。事例中的敏敏就是沒找對說服的對象，才導致問題無法得到解決。

說服行動開始前，找對人很重要，但怎樣才能找到真正有決定權的人呢？實際上，並沒有一個固定的方法可以用來確定誰是關鍵的決策者。這就需要我們在生活中能察言觀色，會分辨其中的關鍵人物所在。

此外，一個較為保險的方法是，應盡可能地去了解一些關鍵人物。但是有的時候，真正執行的人比有決定權的人更重要。比如，我們推銷一種商品，這時，我們要找到總經理，因為只有他才是有決定權的人，他有權進貨。但同時，我們還要去努力說服售貨員，雖然他們對是否進貨沒有決定權，但他們是真正的執行者，他們可以幫助你把產品賣出去。

找對說服的對象是需要敏銳的觀察力的，這需要我們在生活中不斷揣摩和提煉。找對人說服事半功倍，找不對人說服事倍功半。

與他人進行語言交流時，時常會受到周圍人、事、物的影響。所以說，一個合適的場所，能幫助你製造和諧的氣氛，幫助你去說服對方，達到事半功倍的效果。而如果你選擇的場合不對，那再動聽的話也不會發揮理想的效果。

第五章　拿捏分寸：分寸有講究，說話更得體

　　小剛準備向交往已久的小安求婚，便約小安週末下午去公園玩。那天，正好趕上公園裡舉辦小安喜歡的某流行歌星「以歌會友」的活動，他們便興致勃勃地前去聽歌。

　　臺上的歌手熱情地唱著，小剛也想起了今天的重要任務，他輕輕地拉起了小安的手：「小安，我想，你是不是願意……」

　　「什麼？你說什麼？我聽不到！哇！聽現場演唱的效果果然不一樣！」興奮的小安，全部的注意力都在舞臺上。

　　小剛又再次大聲說：「小安，我們什麼時候結婚？」

　　「你瘋啦？在這種時候開玩笑，快聽歌，好好聽。」

　　「我在跟你說正經事，你卻這個樣子，算了，算了。」小剛賭氣地離開了。

　　就這樣，好端端的求婚，卻鬧得不歡而散。所以說，選擇合適的場合是很重要的。如果選擇場合錯誤，不僅說服不了對方，還會搞得彼此很不愉快。

　　一個合適的場所，能幫助我們製造和諧的氣氛，幫助我們去說服對方，達到事半功倍的效果。

　　我們一定要學會根據不同的對象，選擇最合適的場所，以便有效提高我們的說服力。不同的場地能讓人產生不同的心情，而這種微妙的變化常常是我們說服獲得成效的突破口。選擇有利於說服對方的場合，可以從以下幾點進行考慮。

1. 場地舒適，適合交心

在社會上生存的人們，難免會有兩面性存在。比如，上班時一本正經，回到家後，就會非常隨意。

我們要說服對方，就要考慮到這一點，將場地選在舒適、適合交心的地方進行，如娛樂場、餐廳、家裡等。這時，大多數人往往會卸下防備，對話就能在和諧的氛圍中進行。一般來說，進行說服時，對方容易受到外在條件的支配，一旦受到外界的刺激就會分心。

不僅如此，還要考慮外在的條件。這些條件包括：眼睛──人來人往，牆上貼有廣告海報和掛圖之類礙眼東西的地方均不適合說服；耳朵──電話聲、人聲嘈雜的地方不適合說服等。

2. 為說服對象量身打造適合的場合

若對方是對處理任何事都要求講效率的人，就要選擇較有格調的場所，如飯店裡的附設餐廳、西餐廳等。這些場所能保持適度的緊張氣氛，進行說服會有較高的成功機率。

若對方是比較坦率、乾脆的人，則可以選擇不受拘束的場所，如咖啡廳、餐廳等。在這些地方，能夠開誠布公、坦率乾脆地說話，這樣誠心相待，也能增加說服機率。

第五章　拿捏分寸：分寸有講究，說話更得體

若對方是相處得並不融洽的人，則可以選擇能帶動氣氛的場所，如酒吧、卡拉 OK 等地方，邊喝邊談。這樣一來，雙方會更親近些，說服起來也更方便些。

3. 說服的場所要考慮到雙方的性格特徵

如果我們在說服的時候，是採用對自己有利場合的話，則可以選擇自己常去且較適合自己的地點。相反，若對方是一個很難被說服，且有高度警戒心的人，則可以選擇去對方比較熟悉的地點。

如果兩方實力差距很大，則可以考慮專程去對方府上拜訪。這樣做，既能顯示自己的誠意，又能給予人親切感。不同的場地能讓人產生不同的心情，而這種微妙的變化常常是我們說服獲得成效的突破口。

給予滿足感，讓對方更有表達欲

有時候我們可能會非常納悶，朋友、同事，或親人們的聚會上，明明那個人的口才不如自己，地位、威望也不如自己，但大家卻都喜歡跟他講話，「他把人都吸引到自己身邊了。」

那你可能就會問了，難道他跟別人說話有什麼祕訣嗎？

> 給予滿足感,讓對方更有表達欲

事實上,人們都願意跟能夠使自己感到快樂的人交談,這種快樂就來自你跟他交流讓他產生的滿足感。如果一個人跟你講話,從你這裡可以得到你對他的認可和肯定,讓他內心充滿力量,自我感覺良好,那他肯定更願意跟你繼續講述自己的經驗和經歷,甚至是未來的規劃。

而如果你是一個沒說兩句話就潑人家冷水、言語間充滿了對他人的蔑視、時不時地還會來幾句批評的人,那對方肯定跟你講幾句話就不願意搭理你了,誰願意有事沒事替自己找不痛快呢?

所以,會說話的人一定懂得如何讓他人產生滿足感。

小寧是一個性格開朗、善解人意的女孩。無論是親戚、朋友還是同事都喜歡找她聊天。

一次,小寧去參加一個同事女兒的滿月宴。因為離宴席開始還有一段時間,小寧就跟其他同事一起去看剛出生的小寶寶。女主人可能是因為剛生完孩子不久的緣故,面色有點不好,見到客人的眼神總是躲躲閃閃的,話也很少說。

「看這小寶寶皮膚多白,多可愛。肯定像媽媽,因為我知道孩子爸爸的皮膚不怎麼白。」小寧一邊輕輕撫摸小寶寶,一邊跟女主人閒聊。

「嗯,應該是吧,大家都這麼說。」女主人似乎很認可小寧的讚美,抬起頭來微笑著回答道。

第五章　拿捏分寸：分寸有講究，說話更得體

「其實我們都特別羨慕和佩服你，因為在公司裡，你老公經常在我們面前誇你，說你善解人意，又能幹，自己一個人就能把小寶寶照顧得非常好，他都插不上手。」小寧接著說。

「那倒也是，為了不耽誤他的工作，不管白天、晚上，我都沒讓他照顧過寶寶，都是我一個人在照顧。」此時女主人臉上現出一絲得意的神情說道。

「我真的很佩服你。想起我坐月子的時候，我媽、我婆婆都來幫著我，可是我還感覺每天累得半死，覺也不夠睡……真的好奇你一個人是怎麼做到的？你是不是有超能力呀？」小寧半開玩笑似的問。

「我哪裡有什麼超能力？不過說起照顧孩子，我還真有自己的一套心得……」

聽完小寧的話，原本少言寡語的女主人，瞬間開始熱情滿懷地介紹起她的育兒經驗，直到宴席開始了似乎還意猶未盡……

由此可見，聊天時，讓對方產生自我認可和滿足的談話方式，不僅有利於話題的展開，還可以使你受到大家的喜愛。交談時你如何才能做到這一點呢？

想要做到這一點也非常簡單，你只要在談話中做好讚許、重視跟容納就可以。

> 給予滿足感，讓對方更有表達欲

首先，讚許就是找出對方的長處，並加以稱讚和認可

當你跟別人交流時，要積極地稱讚對方——即使是很小的成功，也要謙虛並真誠地表示你的欽佩之情。

如果對方沒有特別值得稱讚的成果，你也要仔細觀察對方，以充足的理由發現他做的好事或者是他隱藏的優點，可以極大地讓他產生滿足感。比如，你對一位擅長投資理財的人誇他眼光好，誇他是這方面的行家，他可能並不在意，有時甚至還會認為你是在拍馬屁，但如果你直接跟他講你願意學他那樣去做，也許他會樂昏了頭。

其次，重視就是言談話語間提高他的價值

人們都不喜歡被列入「各位來賓」、「諸位」、「女士們」、「先生們」等概括性的範圍內。大家都希望自己能作為一個獨立的個體被認真看待。請不要把對方當成一個抽象的「人群」來對待，你是要和獨立的這個人進行互動。所以，記住每個人的特性，是表現你對他們重視的最有力證據。

另外，在交流期間，「順從」也是重視的一種。有些人跟你聊天純粹就是發牢騷，所以你只需要耐心地聽他把話講完，讓他把情緒發洩出來，必要時，完全可以暫時地跟他站在同一立

第五章　拿捏分寸：分寸有講究，說話更得體

場——即使此時他的立場可能是錯誤的。以此來證明你很重視他，怕失去他這個朋友，可以讓他產生很大的滿足感。

最後，容納就是以包容跟原諒的心態去與他溝通交流

「金無足赤，人無完人」，任何人都有自己的優缺點。與他人交流時，不要強逼他人認錯，處處打擊他人；允許別人偶爾的自我感覺良好；不要吹噓，更不要以自身的優秀氣勢壓倒他人，而要抱著謙虛的態度承認自己也有缺點；你可以比別人聰明，但是你不要明確地告訴對方。必要時，甚至需要承認也許是自己搞錯了，因為這樣做可以避免一場爭吵。

每個人都希望在工作、生活、學習的交際中做一個時刻受歡迎的人，只有細心累積實際經驗，掌握使他人產生滿足感的談話方式，才會讓別人跟你說話時感覺更舒坦，你們的談話也就能更圓滿。

從開始到結束，在說話中時刻表現尊重

生活中，言語上不尊重別人的人隨處可見。一些人到餐廳吃飯，習慣性地對服務生大呼小叫，好像他們天生就是來服侍自己的一樣；對達不到自己服務要求，或者碰到跟自己辯解幾句的

服務生,就會抱怨對方沒禮貌、沒素養,有時還會惡語相向。

在日常交流中,尊重他人非常重要。試想,如果別人不尊重你,對你呼來喝去的,你又怎麼會願意搭理他呢?又或者別人對你說出侮辱性的語言,那你肯定會選擇跟他絕交。還有一些自欺欺人的人,一邊做著他口中所說的「沒素養」的事,一邊又叫嚷著別人不道德。

人人都是平等的,你語言上表達出什麼,你就會獲得什麼。你話裡對他人表現出尊重和理解,別人就會回報你尊敬和喜愛。當然,如果你總是出口傷人,別人又怎麼會尊重你呢?言談話語裡尊重他人,可以讓你無論是和朋友、同事,還是和家人、戀人間的談話都更加的和諧。

除此之外,還有一些人,自己喜歡什麼,或覺得做什麼最有價值,就要極力勸說朋友來仿效。自己愛寫作,便勸朋友也寫作;自己愛打籃球,便勸朋友也打籃球;自己經商發了財,便勸朋友也來經商⋯⋯朋友若不聽其勸,不是說朋友胸無大志,就是說朋友太傻。

楠楠是個業餘寫手。平時在家喜歡替雜誌社或者文學網站寫一些東西。後來她業餘寫作的收入也還不錯,所以最後楠楠索性就把自己的正式工作給辭掉了。

一次,楠楠去一個遠房表嬸家裡參加婚宴。席間,她的表嬸得知她把工作辭掉了,就問她現在在家裡做什麼。為了表示

第五章　拿捏分寸：分寸有講究，說話更得體

謙虛，楠楠就半開玩笑地說：「沒做什麼，就是在家裡寫寫畫畫。」

聽完楠楠說的話，她的表嬸就開始說教起來。一邊說楠楠太傻，把這麼好的工作辭掉了；一邊又極力勸說楠楠來自己的保險公司做事。楠楠不好意思直接拒絕，就推辭說自己能力不足，做不好保險的工作。她的表嬸又極力勸說她：「怎麼會做不好，做不好也沒關係，我可以教你；要不然你在家裡閒著做什麼呢？來保險公司上班待遇非常優厚！」搞得楠楠左右不是，最後只好草草吃了幾口飯就藉口走掉了。楠楠發誓，再也不來參加這種宴會了。

天生萬物，各有不同。不要非要求他人與我們一樣，不要總想著改變他人。人不但各有其志，而且各有其趣。你認為有價值的東西，別人未必認為有價值，你感興趣的事，別人也未必感興趣。大家的情況因人而異，一條路你能走通，別人卻並不一定能走得順暢。每個人有每個人的專長，不能因為自己成功而去教唆別人和自己走同一條路。

「己所不欲，勿施於人。」優秀的演說家是永遠不會把自己的那套意見或者理論強加給任何人的，他只會尊重傾聽者。人，就要接受不同，尊重他人與我們的不一樣。

所以，當你與別人交流時，要保持彼此互相尊重的心態，討論但不要爭論，不要說出類似「笨蛋」、「迂腐」等帶有侮辱性

字眼的話；不同意，也要學著以寬容的心態去理解他，這才是最明智的說話技巧。

不要談論別人的短處，也不要傳播謠言，不要讓這些事占用你寶貴的時間。尊重他人的隱私，不做謠言的傳播者，才會讓別人更喜歡你。

古往今來，懂得尊重他人，是永不過時的金科玉律。從現在開始，開口之前先將「尊重」二字在腦中思考一下，也許喜歡你的朋友就會越來越多。

打破僵局，巧說「軟語」法

每個人都有一股爭強好勝的勁頭，有一顆不甘人下的好勝心，這就容易導致我們與別人交談時陷入僵局。為了打破僵局或者不製造僵局，交談時，不妨使用一下「軟語」。這樣表面上看也許是在言語上輸給了別人，但實際上是自己抓住了事情的主動權。

一位剛畢業的老師幫學生批改作文時發現，一位學生竟然在作文中公然責罵老師，憤怒的情緒頓時控制了這位老師的頭腦，他想找到這位同學，並嚴厲地指責他一頓。但他轉念一想，如果把該學生叫到辦公室，厲聲厲色地指責一番，未必會

第五章　拿捏分寸：分寸有講究，說話更得體

發揮什麼效果，反而會引起學生的反感，還可能激發一場爭吵。於是，他找到這位同學後說：「老師知道有時候自己做得不夠好，忽略了同學們的感受，不過老師可以肯定地說這都是為了你們好。以後，老師再有什麼地方做得不好，你來告訴老師可以嗎？」該學生嚴肅、警戒的表情頓時緩解了，對老師說：「老師的做法雖然是為了學生好，但也要講究方法，不過我的行為確實過分了，我為我的行為向您道歉。」就這樣，交談氣氛一下子放鬆了許多，一場暗藏的爭吵就這樣被老師的「軟話」化解得一乾二淨了。

與人交談時，無論是在言語上還是行為上都不要表現出比別人強，這很容易使僵局越來越僵，替雙方帶來無法踰越的鴻溝，對進一步交流沒有任何好處。一旦交談陷入僵局，不妨試試下面的方法：

1. 適當認錯

一個精密機械工廠委託一個小工廠製造某種新產品的一些零件，小工廠立即開始動工。不久，小工廠將半成品送往機械工廠驗收，結果通通不符合要求。由於時間緊迫，機械工廠的負責人只得讓小工廠重新製造，但小工廠的負責人則認為責任不在他們，因為他們完全是按照機械工廠的規格生產的，拒絕重做。就這樣，雙方僵持起來。

打破僵局，巧說「軟語」法

機械工廠的廠長弄清了這件事的來龍去脈後對小工廠負責人說：「我想這件事完全是由於設計人員工作不仔細所致，使你吃了虧，實在抱歉。今天幸好有你幫忙，才讓我們發現管理中的紕漏。只是事到如今，總要妥善解決的，你們不妨將它製造得更完美一點，這樣對你我雙方都會有好處的。」小工廠負責人聽到廠長的這話後欣然應允，零件的生產如期完成。

2. 用「軟語」吸引對方

與人交談時，如果想贏得對方對你的信任，吸引對方與你深入交談，加深友誼，最好的辦法就是向對方說「軟語」，讓對方感到你的誠意和修養，這樣自然會消除對你的戒備心理。

小苗大學畢業後被分配到一所高中任職，並在校長的安排下接了一個最難教的班。這個班的學生多是男生，他們的淘氣在學校是出了名的，鬼點子特別多，專門喜歡捉弄任課老師。小苗自然難逃「厄運」，在上第一堂課時就被他們捉弄了。

那天，小苗拿著書本走進教室，見講桌上放著一塊木板，上面用粉筆寫著「苗術老師之墓」。小苗雖然非常氣憤，但覺得一旦自己發怒就中了這些調皮鬼們的計，何況以後還要和他們長期相處。為此，小苗決定透過這件事與這些調皮鬼們打好關係。

小苗一本正經地把「靈牌」舉起來：「同學們，讓我們以極

第五章 拿捏分寸：分寸有講究，說話更得體

其沉重的心情，對苗術老師的不幸表示最沉痛的哀悼。請大家起立默哀一分鐘！」

見同學們滿臉驚訝，小苗又說：「同學們，你們認識苗術嗎？他是誰啊？」同學們聽了他的問話後，都瞪大眼睛望著他。他指指自己的鼻梁說：「哦，不好意思，我竟然忘了我就叫苗術，是你們的任課老師。沒想到你們這麼敬重我，為我立了個『靈牌』。我在九泉之下得知後萬分感動，所以就請求閻王老爺讓我還陽了，這還要謝謝你們啊。」說完，他深深地向全班同學鞠了一躬。這一下，同學們都開心地笑了，笑聲裡充滿了對他的敬意和歉意。

3. 把軟語用到談判中

在交流、談判的過程中，僵局可能是無法避免的，但是打破僵局就要靠說話技巧了。

一場 AB 兩國的招待宴會上，A 國一名軍隊中尉翻譯 B 國領導人講話時，譯錯了一個地方，B 國代表團的一位人士當場作了糾正。這讓 B 國領導人感到很意外，也使在場的 A 國駐軍司令大為惱火，因為部下在這種場合的失誤使其難堪。他馬上走過去，打算撕下中尉的肩章和領章。

宴會廳裡的氣氛頓時顯得非常緊張，B 國領導人及時為對

方提供了一個臺階。他溫和地說:「要將兩國語言恰到好處地轉換是很不容易的,也可能是我講得不夠完善。」接著,B國領導人慢慢重述了被譯錯了的那段話,讓翻譯仔細聽清。結果,這位翻譯準確地將這段話翻譯了出來,緊張的氣氛才算得到了緩解。B國領導人講完話,在與B國軍隊將領等人乾杯時,還特地與翻譯單獨乾杯。B國駐軍司令和其他將領看到這一情景,頓時熱淚盈眶。那位翻譯也非常感動,久久舉著酒杯。

倘若能將自己的好口才用在談判、辯論場合上是可以的,但有些事情,完全不用你去辯論,事實已經擺在眼前,你只需要靠智慧說幾句「軟語」打破僵局,給彼此一個臺階就可以了。

替人打圓場,巧妙「圓話」法

在與人互動中,學會替人打圓場,適時向人提供「臺階」,使其不丟面子,是贏得好人緣的一大高招,同時也是一種美德。這種做法不但會讓對方對你產生好感,還能幫你樹立良好的社交形象。

在工作與生活中,我們不能持有「事不關己,高高掛起」的思想,也應該向那些機智的人學習,做善於替人救場的「及時雨」,隨時準備為他人伸出援手。

第五章　拿捏分寸：分寸有講究，說話更得體

　　一位國王愛看戲，常常會賞賜藝人一點東西。有一次國王看完著名藝人的戲後，把他召到眼前，指著滿桌子的糕點說：「這一些賜給你，帶回去吧！」

　　該藝人叩頭謝恩，可是他不想要糕點，便壯著膽子說：「叩謝國王，這些貴重之物，我不敢領受，請……另外恩賜……」

　　「要什麼？」國王心情不錯，並沒有發怒。

　　藝人又叩頭說：「國王洪福齊天，不知可否賜個『字』給我。」國王聽了，一時高興，便大筆一揮，寫了一個「福」字。

　　站在一旁的一位大臣看了看國王寫的字，悄悄地說：「福字是『示』字旁，不是『衣』字旁的呀！」藝人一看，確實寫錯了，如果拿回去必遭人議論，豈不是欺君之罪？不拿回去也不好，國王一怒就要自己的命。要也不是，不要也不是，他急得直冒冷汗。

　　氣氛一下子緊張起來，國王也覺得挺不好意思。他既不想讓藝人拿錯字回去，又不好意思再要過來。這時，旁邊的小侍從腦子一轉，笑呵呵地說：「國王之福，比世上任何人都要多出一『點』呀！」

　　藝人一聽，腦筋轉過彎來，連忙叩首道：「國王福多，這萬人之上之福，我怎麼敢領呢！」國王正為下不了臺而發愁呢，聽他這麼一說，急忙順水推舟地笑著說：「好吧，隔天再賜給你吧！」

替人打圓場，巧妙「圓話」法

就這樣，由於小侍從及時「打圓場」，才替二人解脫了窘境。

在對方不小心犯了錯誤，或因能力不足而處於尷尬境況時，你如果懷著幸災樂禍的心理去取笑、嘲弄對方，會招致對方的怨恨。反之，如能大度地幫上一把，替他解除尷尬，就自然會贏得他的感激之情。

打圓場是一種語言藝術，它的功能是：調解糾紛，化解矛盾，避免尷尬，打破僵局。打圓場必須從善意的角度出發，以特定的話語去緩和緊張氣氛，調節人際關係。具體來說，打圓場時可以試試下面的方法：

1. 岔開話題換新題

當尷尬或僵局出現時，有些人由於情緒上的衝動，往往會在一些問題上互不相讓。在打圓場時，不妨岔開他們的話題，轉移他們的注意力。

2. 曲解掩飾，進行幽默的解說

幽默是人際互動的潤滑劑，一句幽默的話能使人們在笑聲中相互諒解，心情愉悅。當遇到窘境或尷尬時，你可以透過幽默的解說將其詼諧化，把搞僵的場面活絡起來，將尷尬化解。

第五章　拿捏分寸：分寸有講究，說話更得體

3. 求同存異，強調事件的合理性

當人們因固執己見而爭執不休時，局面難以緩和的原因往往是彼此的爭勝情緒和較勁心理。因此，你在打圓場時可以抓住這一點，求同存異，幫助爭執雙方靈活地分析問題，使他們了解到彼此觀點的合理性，進而停止無謂的爭執。

在一本書中有這樣一段描述讚美的話：「我讚美敵人，敵人於是成為朋友；我鼓勵朋友，朋友於是成為手足。……它將改變我的生活。」這就是讚美的魅力，這就是讚美的力量。

第六章　讚美有術：
會說讚美話，瞬間拉近距

第六章 讚美有術：會說讚美話，瞬間拉近距

讚美對方，要說到「重點」上

一聲讚美能夠改變你的生活。在讚美聲中，每個人的內心都將開出一朵芬芳的小花。從人的心理上來看，被他人承認是人的一種本質的心理需求。既然對方喜歡被讚美，我們又何必吝嗇無須任何成本的語言呢？

林女士兄弟姐妹五人，都各自在外成家立業。兄弟姐妹幾個人經常回家看望年邁的母親，年老的母親見到兒女自然愛嘮叨，常常有些傷感地對他們表達自己的不中用：「我現在老了，哪裡也去不了，什麼也做不了，不能幫你們的忙，還拖你們的後腿，成了一個不中用的廢人了。」

兄弟姐妹幾個人都沒注意到老母親心裡暗藏的悲傷，每次聽到這樣的話，都只能泛泛地安慰：「怎麼會呢？媽媽可別那麼說，我們都愛您，重視您，您一點也沒給我們添麻煩啊！」

但是聽了兒女安慰的話，老母親一點也開心不起來，她覺得孩子們就是為了安慰自己才說了這些言不由衷的話。

有一天，她又忍不住和前來看望自己的大孫子說起來，上高中的孫子對奶奶說：「奶奶，您怎麼會沒有用呢？我聽爸爸說要不是您的教育，他根本上不了大學。我的姑姑、大伯也都這麼說。所以我覺得您很厲害，而且每次聽您講起以前的事情，

我都特別長見識呢。」

聽了孫子的話，老人家高興極了，她覺得只有孫子才是真正覺得自己有用、是關心自己的人。

同樣都是稱讚，為什麼幾個大人說的話反倒不如一個小孩子說的話更容易勸服老人呢？問題就在於，兒女們的讚美之詞過於廣泛，聽起來不夠真誠，沒有說服力，相比較之下，孫子指出了具體的點，還搭配了例子，很好地滿足了老人內心深處「被需要、被肯定」的想法，因而達到了很好的效果。

需要注意的是，讚美他人的時候要遵照以下幾個原則。

1. 情真意切

雖然每個人都喜歡聽讚美的話語，但那些能夠讓對方聽了就感覺心花怒放的話語確實是有條件的。只有發自內心，讓對方感覺到你是在流露真情的話語才能夠讓對方真正悅納。相反，如果你一味地說一些毫無根據的奉承話，對方不僅會感到莫名其妙，還會覺得你油嘴滑舌、無聊至極。

2. 入木三分

一個真正懂得聆聽的人，在聽到他人的讚美話語之時，第一反應便是對聽到的內容加以判斷，看看這些話是不是具體地

第六章　讚美有術：會說讚美話，瞬間拉近距

指出了那些真正和自己相關的「核心點」。那些空洞的、籠統的、泛泛的溢美之詞將會降低對方對你的信任程度，也會使對方感覺到和你談話根本沒有任何意義。而這個「核心點」就是我們據以讚美對方的充分理由。

3. 因人而異

讚美他人的時候，還有一點是至關重要的，便是「具體問題具體分析」。讚美的藝術相當程度上也表現在針對不同的對象採取不同的讚美方式上。如果讚美對象是公司的客戶，可以從客戶公司的發展歷程、產品品質、售後服務等幾個方面加以讚美；如果讚美對象是某個人，則可以從對方的儀表、舉止、談吐、性格等幾個方面加以讚美，從而發揮因人而異的效果。

稱讚一個人要具體化

讚美不能太過空泛，有效的讚美都需要具體化，接受讚美的人才能真切地感受到自己確實是被人關注、被人重視與喜歡的對象。

王先生走進一家建材市場，打轉一圈後，目光鎖定在一款地磚上。導購員走過來對王先生說：「先生，您的眼光真好，這

> 稱讚一個人要具體化

款地磚是我們公司的主打產品,也是本月銷量最好的。」

王先生問道:「什麼價格呢?」

導購員回覆:「這款地磚,打折後的價格是 168 元一塊。」

王先生又問:「有點貴,還能便宜一點嗎?」

導購員沒有直接回答,而是反問道:「您家住哪個社區?」

王先生回答:「在東方花園。」

導購員聽後說道:「東方花園應該算得上是市裡數一數二的房地產了,社區的綠化非常好,而且室內的格局設計很不錯,交通也很便利。在這麼好的房地產買房子,您一定不會太在意購買地板花費的這點錢。不過我們近期正在做促銷活動,這次還真能給您一個團購價的優惠呢!」

王先生聽了很高興,接著說:「可是我現在還沒有拿到鑰匙,不知道具體面積啊!」

導購員說:「如果您現在就想拿貨,恐怕還享受不到優惠呢,因為按照公司規定,必須達到 20 戶才能享受優惠,加上您這一單才 18 戶,還差 2 戶。不過您可以先交訂金,我幫您標記上團購,等您知道房子的具體面積了,再告訴我您需要的數量。」

就這樣,王先生提前交了訂金,幾週之後,這個訂單就算敲定了。

第六章　讚美有術：會說讚美話，瞬間拉近距

所以，讚美一定要具體化，具體化的讚美更有感染力和影響力。那如何發現具體的讚美點呢？

1. 仔細傾聽、觀察

讚美對方容貌時，可以指出具體的部位。想要讚美一個長相漂亮的人並不難，想要讓一個對自己的容貌沒自信或者有清楚認識的人，聽到讚美的話還能夠深信不疑，感到滿足卻是一件不太容易的事情。這就需要掌握一定的技巧，讚美後一類人時，不妨仔細觀察，指出具體的部位，言明特點進行讚美，比如：你的眼睛特別有神，看起來特別吸引人；你的身材非常勻稱，遠看近看都覺得特別舒服和美觀；你衣服上的扣子真別緻啊，特別好看……只要是有可圈可點的地方，我們都可以如法炮製，稱讚一番。

2. 讚美對方時不要太過簡單、抽象

想讚美對方時，不妨從對方的語音語調、性格、才華、專業等方面深入發掘，大力讚美。對這些進行讚美時，最好能夠列舉具體的事實，談下自己的感想，加深對方對自己言語的感受力。

比方說，你搭計程車的時候，試著跟計程車司機這樣說一

說：「司機大哥，您的技術真好！這條路可是出了名的難走，我以前自己開車經過這條路的時候，不是剮了，就是蹭了，可是您卻把車開得穩穩當當，您看，我還能在車裡寫字呢！」聽你這麼說，司機肯定會心花怒放，或許還會把車資的零頭替你去掉。

在自己的家人面前，不要因為太熟悉、太親密，就理所當然地認為讚美沒有必要，恰恰相反，越是天天生活在一起的人，越要用心地去讚美，這樣，一家人的生活才會越來越甜蜜、越來越幸福。比方說，老媽天天下廚，為家人張羅飯菜幾十年了，你讚美過幾次？下一次，當老媽端出美味佳餚的時候，試著跟媽媽說一句：「老媽，我這些年也去過不少地方，吃過不少館子，還去過不少朋友家吃人家的菜。可是我發現，沒有一位廚師能做出你的風格來呢！就拿這道小炒肉來說吧，辣得過癮，肉片超級勁道，吃得人滿口生香。老媽，你的祕訣到底是什麼啊？」這話說完，保准老媽笑顏一展，年輕 10 歲，比任何化妝品的裝點都要有效！

讚美要適度，嚴禁滔滔不絕

交談時，讚美的話一定要適度，切忌滔滔不絕地讚美。讚美的話過長，往往容易轉為阿諛奉承。甜蜜動聽的讚美稍不留

第六章　讚美有術：會說讚美話，瞬間拉近距

神就容易變為心懷鬼胎的阿諛奉承。前者有發自心底的欽佩、褒揚，而後者多暗藏不軌，居心叵測，不夠光明磊落。讚美是由衷的，是心底流出的一條不含雜質的涓涓溪流，是不求回報的一種奉獻；而阿諛奉承是言不由衷的，是一種希冀今後從對方身上索取回報的投機行為。

1930年代的美國費城電氣公司，有一個叫威伯的員工。一次，他到鄉村去推銷用電。在一家看起來非常富有的農戶面前，威伯見到了房子的主人，一個老太太。

但老太太對微笑的威伯似乎並沒有好感，一聽說是電氣公司的代表，便立刻把門關上了。

威伯沒有放棄，他再次敲門，老太太把門勉強開了一條縫。威伯對老太太說：「非常抱歉，打擾您了，我了解您不想買電，我這次只是來向您買幾個雞蛋的。」聽了威伯的話，老太太猶豫了一下，然後把門開大了一點。

威伯繼續說：「剛才我看到您院子裡的雞非常漂亮，我想要買一些雞蛋帶回家裡。」

聽到他這樣說，老太太把門開得更大一些，並問道：「城裡也有賣雞蛋的，幹麼不在城裡買呢？」

威伯充滿誠意地回答道：「城裡賣的雞蛋都是白色的，我太太希望吃到紅殼的雞蛋。您知道嗎？紅殼的雞蛋做出來的蛋糕味道會比白殼的更好吃。」

讚美要適度，嚴禁滔滔不絕

聽完威伯的話，老太太乾脆走出了門口，她和威伯說起了雞蛋以及家裡的事情。威伯指著院裡的牛棚說：「哦，看您丈夫養的牛，我想他賺的錢不如您養雞賺的錢多吧。」這話真是說到老太太心坎上了，養雞養得好一直是她引以為傲的事，但是她丈夫總是不願意承認。現在，她越來越喜歡威伯了，甚至要送一些蔬菜給威伯。

威伯參觀雞舍時，大力讚揚老太太養的雞非常漂亮，然後他說道：「要是能夠用電燈照射，您漂亮的雞會產下更多漂亮的蛋。哦，我猜，到時您會賺比現在更多的錢。」聽了威伯的話，老太太表現得很有興趣，她開始詢問威伯用電的費用。幾個星期後，威伯在公司收到了老太太交來的用電申請。

威伯對老太太的幾處讚美都表達得相當簡短，言辭不多，但句句表現得誠懇而真摯。老太太從最初的拒絕到最後的主動詢問，毫無疑問是威伯簡短有力而又切中要點的讚美發揮了極大的作用。但是，試想一下，如果威伯為了賣出電，而滔滔不絕地對老太太養的雞、雞蛋大加讚揚，老太太大概就不會是這種反應了，對於一開始就懷著牴觸心理的老太太來說，滔滔不絕、毫無邊際的讚美無疑會讓她加強警惕，遠不如這簡短有力的讚美讓人信任。雖然最初並沒有直接提到賣電，但威伯逐漸地讓老太太放鬆心情，為接受自己的觀點做了很好的鋪陳。

從案例中能明顯地感受到，讚美在抬高對方的時候，並不

171

第六章　讚美有術：會說讚美話，瞬間拉近距

傷害自己的自尊。而阿諛奉承則顯然相反，它常常是在不自尊、不自愛的前提下發生的。

社會中並無絕對的對錯、好壞，掌握好分寸與尺度是一種適當的智慧。恰當的讚美是人際互動中的一種美德，不恰當的讚美則難免遭人輕視，所以掌握好讚美的尺度十分重要。

適當的讚美當然可以拉近雙方的距離，這種讚美也是社交中慣用的方式，世人都喜歡聽好話，如果能夠恰如其分地讚美別人，常常會獲得意想不到的效果。

讚美過長、過短，都不好。總之，我們要掌握好分寸。此外，我們仍然希望社交場合多一些真誠，少一些虛偽。即使我們需要讚美別人，也要實事求是地「讚美」，不然最後難堪的只能是自己。

高超的讚美技巧總是能讓人怦然心動

讚美別人總是需要各種技巧，真正高超的讚美技巧，真正打動人心的讚美，總是能讓人怦然心動。但真正高水準的讚美說出來很難，它需要一定的誠意，一定的熱情，一定的環境，一定的契機才能表達出來。這些美妙的讚美一經發出來之後，便有了直視對方內心深處的魅力。

> 高超的讚美技巧總是能讓人怦然心動

　　德文郡女公爵以美麗而著名，她聽到過無數次的讚美，但有一個清道夫發出的讚美讓她終生難忘。

　　有一次，德文郡女公爵從馬車上下來，附近剛好站著一個清道夫，他正在點菸斗。清道夫看見了女公爵，驚嘆之餘大聲喊：「天啊！您的眼睛可以點燃菸斗！」

　　這一句話點亮了女公爵的心靈，她為這一讚美之詞震顫，這是她聽到過的最動人的讚美。在這個清道夫的眼裡，公爵的美麗就是每個人正急需想要的任何事物。「您的眼睛可以點燃菸斗！」對於一個正想抽菸的男人來說，點燃菸斗的吸引力正是無可抗拒的力量。

　　女公爵被這一句獨特的、絕妙的讚美之詞傾倒了。從此以後，再有別人用各式各樣的語言來恭維她，女公爵都覺得索然無味了。

　　男人彷彿總有讚美女人的天賦和才能，在他們的口裡，說出來的讚美之詞總是非常容易讓人心動。很多看上去並沒有多少文采的男人，面對漂亮的女人時，讚美之詞也一樣能說得讓對方心神大悅。

　　英國首相邱吉爾的父親也曾經投身於選舉，邱吉爾的母親到處為丈夫拉選票。

　　有一天，邱吉爾夫人向一個工人拉選票，那工人卻直截了

第六章　讚美有術：會說讚美話，瞬間拉近距

當地拒絕說：「不，我當然不會投票給一個到了晚餐時間才起來的懶惰傢伙。」

邱吉爾夫人聞言非常著急，連忙向工人解釋說這些傳言都是錯誤的，說她丈夫是很勤快的人。那工人看了夫人一眼，很高興地說：「哇！夫人，您若是我的妻子，我寧願每天都陪您躺著，根本就不要起床了。」

工人的幽默，對一位貴婦而言也許有些失禮，但英國人通常不認為這是「吃豆腐」，可以一笑置之。他雖然不願意投出他的一票，卻把邱吉爾的父親不願起床的原因解釋為是夫人太漂亮了，這樣的藉口真讓人忍俊不禁。

美麗的女人總是喜歡聽到男人的讚美。在這些讚美聲中，有不少經典之作。97歲的豐特奈爾（Fontenelle）也是一個非常懂得讚美女人的人，有一位受到他讚美的女士，對他的讚美久久不忘。

豐特奈爾是一位著名的科學家和文學家，97歲時還談笑自若。

一日，豐特奈爾在社交場合遇到了一位年輕貌美的女子。豐特奈爾對那位女子說了很多恭維話。但是過了一會之後，當豐特奈爾又一次經過那位女子面前時，他卻連正眼都沒有看她。

那位女子覺得自尊心受到了傷害，她想，這位男士剛才明明還恭維連篇，怎麼轉眼之間卻對自己視而不見？

於是,她找到豐特奈爾,她說:「我該怎麼看待你的殷勤呢?你剛開始還說我魅力四射,可是剛剛經過我時,不但沒有打招呼,甚至都沒看我一眼。」

豐特奈爾笑容可掬地回答說:「我如果看你一眼,我只怕自己就走不過去了。」

那女子聽了這句讚美之後,展開了笑容,她體會到了終生難忘的讚美。

豐特奈爾的這一句讚美,勝過了他之前的所有讚美。他的言下之意是:「你的美麗足以吸引我,讓我一直待在你的身邊而不能離開。我為了到別的地方去,在經過你時,只能不看,才可以抵住你的誘惑。」女子聽了這樣的讚美,當然心情開朗了。

出其不意的讚美,總會有「額外」收穫

人是一種感性動物,每個人收穫什麼樣的情感,他就會回饋給你什麼情感。你不懂得欣賞和感恩,你就會不順利。因為誰也不願意面對一副冷漠、缺乏熱情的面孔。每個人都希望得到他人的欣賞和鼓勵,收穫一份喜悅。

當一位女士態度蠻橫,你卻大度地讚美她的鞋子很漂亮,也許下一秒她就會向你展現笑臉;當你的同事都在埋怨另一

第六章　讚美有術：會說讚美話，瞬間拉近距

個同事總是搗亂，把事情辦砸的時候，你卻能讚美他行動力很強，可能從此他的行為就會改變；當你的孩子拿著考試的卷子，因為考得不好，害怕受責罵，心情低落時，如果你讚美他的字寫得很好，也許下次他就能為你帶來驚喜……

一語讓人生，一語讓人死。關鍵時刻，一句話就能改變一個人的未來。當一個人害怕指責，或者根本沒有任何希望能得到他人的認可時，此時，如果你能夠不吝其詞地真誠讚美他，就會讓他對你的讚美印象深刻，甚至會終生難忘。

倩倩是一個快遞公司的客服，就是負責所有到岸快件（就是到達目的地）的破損處理。由於她們所在的辦事處緊鄰一個小的批發市場，有時候也有客戶過來寄快遞。為了方便，公司規定倩倩也要幫忙客戶填單子、寄快件。每天到岸的快件少則一、兩千，多則三、四千。隨著快件量的增加，倩倩負責的破損快件的處理量就可能會增加。

有一次，由於天氣原因，到岸的快件破損了好多。倩倩一遍一遍地向客戶解釋原因，但許多客戶並不理解，她的心情異常煩躁。

這時候正好有幾個人過來寄快遞。倩倩就沒好氣地跟他們說：「自己去那邊填單子吧，我沒空幫你們！」

其他人都拿了快遞單悻悻地去旁邊填單子去了。其中一位阿姨過來拿快遞單子的時候驚喜地說：「你長得很像那個韓國演

員,叫什麼來著,對,朴寶英,真的很可愛。」說完還不忘向其他人求證。

倩倩驚訝地看看那位阿姨,臉上露出了害羞的微笑。慢慢地,她開始指導起那些不會填寫快遞單的人,也幫忙他們稱重物品,服務變得熱情了好多。

正是由於那位阿姨在倩倩服務態度很差的情況下,還能夠衷心地讚美她很可愛、很漂亮,才讓倩倩的態度發生了改變。

有句老話說「拿人的手短,吃人的嘴軟」,每個人對別人的「恩惠」都會存在一種「補償心理」。當你讚美他時,會讓他收穫喜悅、自信、力量等,因此他就想用其他美好的東西來回報你的「付出」。特別是當自己的行為與讚美背道而馳時,對方意外地得到了你的讚美,這種補償心理就會更加強烈。就像孩子打碎了花瓶,以為會挨打,媽媽卻一邊說自己好擔心他會傷到自己,一邊誇讚他身手敏捷。他內心的愧疚感就會讓他更懂事,免得再讓媽媽擔心。

人與人相處,難免會產生矛盾,或者是誤解。此時,不妨反其道而行,讚美一下對方。反而能夠化解對方的怒氣,達到釋疑解紛的效果。

王森的老闆最近出了一點小問題,經濟上有些吃緊,導致公司人員配備緊缺;而作為財務經理的王森更是左右為難。因為辦公室裡原先的兩個有經驗的財務都因為生孩子而離職了,

第六章　讚美有術：會說讚美話，瞬間拉近距

新招來的兩個又都沒有經驗。因此，財務上的事情大部分都壓在了老員工小芳的身上。

這天，老闆非常著急地要公司這一季的財務分析，新來的員工晶晶跟小范做得慢不說，而且不了解情況，容易出錯。於是王森就又去找小芳，讓她來負責做這件事情。本來小芳最近就非常鬱悶，聽完王森的話後非常生氣地說：「王經理，你是不是太偏心了！我的職位是財務外勤，跟各個銀行交接才是我的工作。財務資料分析本來就是晶晶跟小范的工作，怎麼都讓我來做？」

王森聽後本想拿上司的權勢跟她理論一番，但又怕傷害了同事間的感情，就故意誇張地說：「她們倆哪有你能力強啊，她倆加在一起也不抵你一個，現在公司裡能把這事辦好的也就只有你了！」

小芳聽了經理的讚語，不覺轉怒為喜，也順利地完成了王森交代的事情。

王森本可以利用自己經理的職權，向她施加壓力；或者痛批小芳不為公司著想的行為，但是他卻沒有這樣做。正是由於他轉責罵為讚揚，才能讓小芳心甘情願地去接受額外的工作。

所以，在他人沒有理由能獲得你的讚美或者那是他的本職工作，他並不期望能得到你讚美的時候，給他一句讚美，可以讓你的讚美發揮出無法想像的力量，更加有利於你的人際互動。

人聽好話精神爽，意外的讚美就像是意外的禮物，讓人有大驚大喜之感，很容易讓聽者激動難忘，進而激發其前進的動力與自信心。

當遇到不如意、失敗或大問題的事情時，不妨退一步想想：幸好沒有發生更嚴重的事情，幸好沒有造成更糟糕的結果，幸虧對方及時控制了局面，避免了更大的損失……退一步，換個角度想一想，更容易發現他人的優點、長處、做得好的地方、值得讚美的地方。如果能夠時常提醒自己做到這一點，意外的讚美也會自然而然地隨時出現在需要的地方了。

意外的讚美不需要刻意為之，刻意為了讚美而讚美，反倒虛假。關鍵是應該培養平和淡定的心態，有了好的心態，對事情自然就會有更為理智與穩重的判斷，在失敗時讚美他人的成功，在失意時讚美他人的成就，在盛怒時讚美他人的寬容。這種意外的讚美能把一個人的最佳潛質挖掘出來，給予他做人、做事的信心，是我們人際互動走向成功的重要一步。

讚美要因人而異，切忌「同質化」

有時跟別人交流你會發現這樣一個現象：甲、乙、丙三個人聊天。甲對乙說：「我最討厭那些沒事就會說好話，只會恭

第六章　讚美有術：會說讚美話，瞬間拉近距

維的人了。」丙立刻接過甲的話說：「真的嗎？現在的社會有您這樣品性的人實在是太少了，您的品性真是高風亮節，值得我們大家學習！」乙再回過頭來看看當時稱自己不愛聽「好話」的甲，此時也是慷慨陳詞，喜悅之情溢於言表。

在外人看來，丙的這種說法又何嘗不是在恭維、讚美甲呢？

事實上，世界上沒有人會對他人的讚美無動於衷。讚美他人可以使人與人之間的感情更加融洽，使自己更易被他人接受，也會讓我們更有勇氣參加社交活動。

大文豪蕭伯納（George Bernard Shaw）就曾經說過：「每次有人吹捧我，我都頭痛，因為他們捧得都不夠。」不是別人不接受你的讚美，而是你用錯了方式，或者是選錯了對象，令自己讚美的話達不到最好的效果。

小李由於工作的原因需要去國外出差一段時間。出國之前他聽曾經在國外待過的同事說外國人都喜歡別人讚美自己，特別是外國女性，最喜歡聽類似於「漂亮」、「有魅力」等這些話。

果然，在國外待著的那段時間他經常對一些外國同事進行讚美，那些外國同事聽後都非常開心，並對他的工作幫助很大。

半年以後，他從國外回來了。一天，他去自己家附近的超市買東西，迎面走過來一位體型微胖的中年婦女。可能是小李還保持著在國外時的習慣，沒有及時轉變過來。在幫她拉開超市大門

讚美要因人而異,切忌「同質化」

的時候,就習慣性地對那位女士說:「哦,女士,你真漂亮!」

沒想到那位婦女瞪了他一眼,氣呼呼地說:「先生,你是不是離家太久了?」

小李正是由於讚美他人不看對象,所以才會惹得他人不高興。

由此可見,毫不吝嗇地去讚美別人,是需要一定的方式和方法的。比如,當你遇到一個邋裡邋遢的孩子時,就不要再對孩子的媽媽說「你的孩子真的好漂亮」之類的話,否則,就會讓對方很尷尬、生氣。讚美,只有在對的時間、對的人,用對了合適的語言,才能讓它為你加分。

小金和小修共同受邀參加一位國中同學馬濤的結婚典禮。

入場的時候,小修走在小金的前面與同學的父母打招呼。小修走到那位同學的父母面前微笑著說:「叔叔、阿姨,你們真的是老當益壯,在體育界久負盛名啊,我從小就視你們為偶像,您二位真不愧是我們市的驕傲啊!」

聽了小修的話,那位同學的父親沒表現出來什麼,倒是那同學的母親,臉上流露出一絲不快。

等到了小金打招呼的時候,他謙虛地說:「叔叔、阿姨,你們真的特別偉大,能培養出一個像馬濤這麼優秀的兒子。馬濤在我們這屆同學裡面可是最有出息的一個了。我還想趁著這次見面讓他傳授我一點成功的經驗呢!」

第六章　讚美有術：會說讚美話，瞬間拉近距

馬濤的父母聽了小金的話，笑得合不攏嘴。特別是馬濤的母親，激動地緊握著小金的手，一個勁地誇讚道：「你也不錯，改天我一定讓濤濤多多跟你聯絡！」

原來，馬濤的父母年輕的時候都是體育界的翹楚。但是近幾年由於馬濤的母親身體越來越不好，就辭掉了教練的職務，在家裡專心照顧丈夫和兒子。小金來之前怕跟同學沒話說，就向其他的同學打聽了一下，所以才知道這些情況。小修可能是來之前沒做準備，不明就裡，結果才惹得主人不快。

由此可見，面對同一個人，所說之話不同，讚美產生的效果就會不同。而生活中你要跟形形色色的人打交道，因此讚美他人的方式更要千人千面。

首先，當你讚美的對象是個年輕人的時候。你可以用一些事實直接讚美他將來會大有作為。因為年輕人都對未來充滿幻想，如果你此時鼓勵他，他一定會高興地把你視為知己。

其次，當你要讚美的人是和你同一年齡層的人時，你可以考慮從學習能力、就讀的學校、抱負、工作待遇和個人愛好等方面來進行讚美。當然，如果你從其領導能力、組織能力、關心他人等方面進行讚美的話，則會使你對他的讚美更高一個層次。

再次，對於自己的長輩或者是年齡比較大的人，如果你能夠稱讚他的子孫，則會比稱讚他本人閱歷豐富、成就非凡更能讓你受到他的歡迎。因為他們目前最關心的就是子孫。

最後，對於不同行業和職業的人，你要學會從他的工作性質來進行讚美。比如對於學歷比較高的人，你可以稱讚他學富五車；對於商人，你可以稱讚他腦子靈活，很有眼光。

總之，生活中對他人進行讚美不是死記硬背，不知變通。你要學會讓自己讚美的語言因人而異、因時而異，這樣才會讓人信服。

公開的讚美最令人激動

美國著名女企業家玫琳凱（Mary Kay）曾說過：「世界上有兩樣東西比金錢更被人們所需要——認可與讚美。」公開地給予他人真誠的表揚與認同，就是對他人自身價值最好的認可與重視。

案例一：

銀行有一位清潔工人，平時沉默寡言，很少被人注意到。一天下午，銀行大廳裡一位顧客碰到了一個小偷，在旁邊打掃的清潔工人立刻與小偷展開了正面的交鋒，惱羞成怒的小偷甚至小聲警告他少管閒事，否則後果自負，但這位清潔工人卻毫不畏懼。

事後，有人詢問清潔工人的動機，詢問他哪來的勇氣獨自

第六章 讚美有術：會說讚美話，瞬間拉近距

面對可能發生的危險，他的答案卻出人意料。他告訴大家，因為公司的經理每次從他身旁經過時，總會當面讚美他：「老李，做得真好啊。我們這附近幾家銀行做清潔工作的，就你是最認真的。」

就這麼一句簡簡單單的話，使這位清潔工人受到了感動，並在關鍵時刻挺身而出。

案例二：

劉虹第一次與客戶見面，談話過程中，客戶一直相當沉默，面對這一情況劉虹是越說越覺得沒底，心裡忐忑不安。就在這時，劉虹發現客戶手上戴的手錶非常漂亮，與服裝相得益彰。於是劉虹說道：「馬經理，您的手錶真別緻啊，和您今天穿的西服非常搭配，特別好看。這是在國內買的嗎？」

聽了劉虹的話，客戶不由自主笑了起來，他看了看手錶說：「這可是我太太特別送給我的禮物。」頓時，剛才還緊張不安的局面發生了變化，氣氛一下子變得很友好，劉虹舒緩了一口氣，與客戶繼續談起了合約的事情。

如果劉虹把讚美的話留到背後，即使客戶日後聽到大為開心，但也不會有更深的印象，對當場的合作談判助益不會太大。在人際互動中恰當地公開讚美他人，並且運用恰當的策略增強讚美效果，能夠有效地維護對方的自尊心，令對方感到滿

足、開心，從而使對方加深印象。

當然，無論是公開讚美還是背後讚美，都應當說得自然真實，萬不可矯揉造作。

通常人們認為高明的讚美是間接的讚美，就是透過第三方乃至第四方、第五方，向當事人傳遞讚美之詞。間接讚美也叫背後讚美，這種背後的讚美常被認為是更為誠摯的讚美，不僅能發揮讚美的激勵作用，更能讓當事人覺得真誠、實在，增強了讚美的效果。不僅如此，背後讚美還有一個極大的好處，那就是即使背後的讚美不能有效傳達給本人，第三者也會因讚美者在背後讚美他人而不是誹謗他人，而對其奉上自己的尊敬。

不過，背後讚美有時效性，更多依賴於人的能動性傳播，效用雖然較大，但有限度。更多時候，讚美需要及時，如果過了那一刻，說不定就沒有機會再度表達了。由此說來，公開、直接的讚美其實更為令人激動。當面獲得他人的讚美是非常愉快的事情，直接聽到的誇獎之詞常常能產生及時的效應，給予對方最強力的鼓勵與刺激，給人一種積極向上的力量。

一位優秀的管理人曾經這樣說：「如果我看到我的員工工作出色，我會很興奮，我會衝進大廳，讓所有員工都看到他的成果，並且大聲稱讚他的工作有多麼優秀與傑出。這其實也是教育其他員工，激勵當事員工的絕妙機會，即使他們犯了錯誤，也可以讓他們在心服口服、充滿自信的情緒下，心情愉悅地改

正。通常,這種公開的讚美能使所有員工更加堅定自己在團隊中的信心,充滿前進的動力。」

公開讚美他人要謹慎使用誇張的詞語與表情,既應該優雅大方,又要適當含蓄,一定要口齒清楚,切記猶猶豫豫、遮遮掩掩,這樣容易引起誤解,而且顯得缺乏誠意。

讚美他人,做到有所為有所不為

讚美的話,人人都會說,但要說好,不僅要掌握許多小竅門,而且還要有所為有所不為。在讚美他人時,應該對讚美對象的一些忌諱有所了解,千萬不要自討沒趣地往人家的槍口上撞,否則只會事與願違。

案例一:

一次某電視節目採訪學界泰斗季老師。

主持人一開始時面對電視機前的觀眾說道:「也許,了解季老師可以從這樣一個真實的故事開始:幾年前,有一個大學新生入校帶了大量的行李,他看見路邊有一個純樸得像農民一樣的老者,便以為是學校的工友,於是,他便讓這位老者替自己看行李,而且長達半小時之久。這位老者欣然同意,並盡職盡責地完成了任務。過了幾天,大學召開新生入學典禮,這位同

學驚訝地發現,坐在主席臺正中央的正是那一天替自己看行李的老者。」

對於這位對印度古代語言、中外文化交流史、東西方文化比較有著高研究水準的學者的訪談,從「這樣一個真實的故事開始」,目的很清楚,正如編導所說,從「他們淵博的學識背後」,了解其「散發著獨特魅力」的人格。

案例二:

一位男士陪他的女朋友去聽音樂會,而實際上他只會聽一些流行音樂,對於高雅音樂一竅不通,當音樂會結束時,主持人希望在座的人能發表一些看法,這位男士站起來說:「實在太好了,讓人聽起來歡欣鼓舞。」

四下響起一片鬨笑之聲,事後他看到女朋友臉上掛滿了淚痕,原來音樂會上演奏的是一支非常傷感的曲子,女朋友一氣之下與之分手了。

案例三:

老周是某部門內的一個司長。這不,今天剛好有兩個年輕人到他所管轄的司內工作,一個是研究生,男性;另一位是大學生,女性。

由於了解到這位男同事是直爽個性,老周感到與他相處較為輕鬆,根本不需要考慮什麼忌諱,在日常工作中,他只要

第六章　讚美有術：會說讚美話，瞬間拉近距

注意作為主管的身分。工作做得好了，他會走到這位男下屬面前，拍拍他的肩膀，然後在下班後，拉他在小館子裡吃一頓，藉著酒勁，毫不客氣地對他讚揚一番，第二天，年輕人工作起來特別有精神，他們之間相處得也很和睦。

對於那位年輕的小姐，可沒有這麼隨便，她生性靦腆，說話做事比較含蓄，不喜歡直白的言辭。老周根據這一情況，對這位小姐在工作中的突出成就，就採取了與那位年輕人所不同的讚揚方式。有時受到上司的嘉獎，老周都說是這位小姐和男士的功勞，當然女士排在前面，滿足女性微妙的心理，而對於生性直爽的年輕人，對於這種排名先後，則無所謂。在注意到平常言語外，老周還經常運用讚許的眼神，及一些適當的物質獎勵，來鼓勵她上進，如此一來，老周與她也處得和諧。

他們也盡心盡力地工作，老周感到很是開心。老周正是掌握了兩個人的不同個性，採取了不同的讚揚方法，充分帶動了其工作的積極性。

讚美別人有以下講究需要牢記：

1. 讚美要有根據

讚美別人時，根據對方的為人或處事來讚美，有根有據、有板有眼才能避開阿諛之嫌。

> 讚美他人，做到有所為有所不為

每個人在為人方面都有其優勢，籠統的詞語難以說明什麼；有事實做根據將變得真實可信。

2. 不要假充內行

俗話說：「不是船工亂弄篙——假充內行。」肯定和讚美他人必須建立在理解的基礎之上，特別是一些專業能力要求比較強的方面，尤其如此，如果你不懂裝懂，就難免會出洋相。在現實生活中常常發生這種情況：在一個書法展上，常常聽到有人感嘆：「這字寫得真是漂亮。」但究竟好在哪裡，他卻什麼也不知道，這就是知其然，而不知其所以然。在一個畫展上，一位參觀者站在一幅抽象畫前說：「這幅畫不錯，可惜看不出它畫的是什麼東西。」這要是讓內行的人聽見了，豈不是笑掉大牙？

3. 讚美必須從性別、性格、知識等全方位來考慮

即使是親兄弟，彼此的性情脾氣也有所不同，更何況是來自五湖四海不同的人士。

4. 讚美不要衝撞他人的忌諱，小心弄巧反成拙

讚美別人時千萬不可以衝撞別人的忌諱。因為衝撞別人的忌諱，極易造成交際的失敗，往往也會使你的一片苦心變成驢

第六章　讚美有術：會說讚美話，瞬間拉近距

肝肺，從而引起別人強烈的反感。另外，在與不同民族、不同國家的人互動時，也是一樣。

具體忌諱如下：

1. 數字的忌諱

如西方人普遍忌諱「13」，因此在祝賀西方人時，送鮮花千萬別送 13 枝。

2. 顏色的忌諱

比如說巴西人忌諱棕色，俄國人忌諱純墨色，比利時人忌諱藍色。

3. 花朵的忌諱

比如歐洲人忌諱送菊花，巴西人忌諱絳紫色的花，日本人忌諱荷花。

4. 動物的忌諱

比如亞洲人忌諱烏鴉和貓頭鷹，伊斯蘭教徒忌諱豬，俄國人忌諱兔子。

> 讚美他人，做到有所為有所不為

　　幽默是一種口才，也是一種機智，更是一種胸懷。生活中，每個人都有可能陷入各式各樣的人生境況中。而幽默就像縷縷春風，能吹開塵世上的張張笑臉。

第六章　讚美有術：會說讚美話，瞬間拉近距

第七章　幽默破冰：
語言帶幽默，場合更輕鬆

第七章　幽默破冰：語言帶幽默，場合更輕鬆

用熱情緊緊抓住聽眾的注意力

很多時候，我們之所以無法得到聽眾的回應、支持和配合，好像我們的話始終無法說到聽眾的心裡去，不是因為技巧不夠完美，不是因為演講詞寫得不夠好，也不是所選的話題不對聽眾的胃口，而是在演講與說話中，沒有表現出最可貴的部分──表情。

在人與人心靈上的交流中，技巧性的東西從來都是外在的，不管詞句多麼精妙無比，例證有多麼豐富，語氣有多麼協調，手勢多麼優雅，都不會對彼此的關係產生決定性的影響，只能暫時發揮作用，但終將被人所發現和疏離，真正發揮決定性作用的，是你的熱情。

愛默生（Emerson）曾經說過：「缺乏熱情，就無法成就任何一件大事。」熱情是一個人昂揚的精神狀態的外在表現，是對於目標不達目的誓不罷休的激烈情感。如果不帶熱情地做事，無論什麼事情，最終都不會如你所願。

要讓聽眾積極配合自己，甚至熱血沸騰，首先就要熱情地投入說話中去。一旦我們投入進去，我們內在的熱情就會透過閃閃發亮的雙眼表現出來，透過聲音輻射出來，透過態度抒發出來，透過輕快的步伐表現出來……全身的每一個部分都在清楚地表達你喜歡這場演講，你喜歡和他們說話。這種精神狀態

> 用熱情緊緊抓住聽眾的注意力

會獲得聽眾的喜歡，使之願意和你相處，因為人的熱情是可以互相傳染的。你沒有帶著熱情講話，聽眾自然也不會對你有興趣，而一個成功的講話者也總是能夠利用自己的情緒這一利器讓聽眾陪著自己一起笑、一起哭、一起感慨、一起行動。

1945年8月，日本投降，美軍將領麥克阿瑟（Douglas MacArthur）擔任駐日盟軍最高司令長官，主要負責對日本戰區的軍事占領和重建工作。同年9月7日，日軍主戰派25萬全副武裝的精銳軍隊在幾支敢死隊官兵的帶領下揚言要決一死戰。戰火眼看就要重新熊熊燃燒，而當時，駐紮在日本的美軍數量還不足1萬人，雙方的力量極度不對等，形勢十分危急。為了避免局勢惡化、戰爭爆發，麥克阿瑟在8日上午巡視日本軍營，並發表了一番熱情洋溢的演講。演講開始，他先是簡明扼要地向士兵們描述了戰局，然後轉入正題：「在戰爭中，主角是你們，是我，是軍人。但最應該反對戰爭的人也是我們，因為我們是最先承受戰爭創傷的人……你們的青春不應該只是表現在戰場上，現在戰爭結束了，國家等待著你們去建設，幸福的生活正在等著你們，你們的親人也等著和你們團聚。所以，我希望你們放下武器，永遠地放下，去迎接和平，創造新生活……」漸漸地，昨天還誓死不降的士兵們都安靜下來，大家陷入沉思中，有的人還流下了眼淚，劍拔弩張的氣氛一下子消失了，一觸即發的戰爭就此化於無形。

第七章　幽默破冰：語言帶幽默，場合更輕鬆

　　作為演講者，你只有用真摯、熱情的態度去表達，聽眾才會贊同你、配合你。事實證明，當你投入演講中，熱切地表達自己的觀點和思想的時候，聽眾就會不由自主地跟隨你情緒的腳步，而不是站在你的對立面。

　　可以說，在一場演講中，最精彩奪目、最能說服聽眾的從來都不是你的長相、智慧、學識、學歷、身分、地位這些外在的東西，也不是你所謂的講話技巧，而是你內在的精神、情緒、感情。但凡能夠獲得成功的演講也必定是關注熱情的和聽眾的情感水乳交融的結果。也許在這樣的過程中，演講者也會犯一些錯誤，也會做出一些不恰當的動作，甚至他們也可能不幽默、不能言善辯，但他們一定是最投入、最熱情的演講者，這份如火一樣的熱情足以感動聽眾，使他們陷入演講中而不能自拔。

　　在《當代演講詞精選》的一篇名為〈生命之樹常青〉的演講詞裡有這樣一段：「病殘的軀體，以一種特殊的形象印入我的眼簾。她那伴隨著滾滾熱淚的話語，如飽含生活之清純的甘泉，浸潤著我們的心靈，如清脆的攜帶著春風的晨鐘，扣動著我的心扉。以她的思想，她的毅力，她的精神塑造起來的她的形象，為我們的時代樹立起一面旗幟。」

　　這段演講雖然是描寫式的語言，但理性中浸潤著飽滿的感情，結合自己的切身體會，情真意切地讚美了人物的形象和事蹟所產生的強大鼓舞力量，具有極大的感染力。

用熱情緊緊抓住聽眾的注意力

一位美國著名演說家曾經說過:「一位以堅定的信心來向你敘說的演講者,他是絕不會失敗的……只要他確實覺得心裡有不能不告訴你的事情,他的演說就會像火一樣的炙熱……所以,具有懇切和熱誠的演說,對於聽眾的影響力有如蒸汽一般的膨脹,他可以在修辭中有不少的錯誤,但是,他的演說是不會遭受到失敗的。」就像一名指戰員一樣,當他們在戰前對士兵們進行戰前動員的時候,他根本就不會去考慮自己應該做什麼手勢,臉上應該做出什麼表情,正是因為熱情的存在,再怯懦的士兵聽完他的動員也會熱血沸騰,勇氣倍增,變成最堅強的勇士。所以,要想真正地獲得聽眾的配合,你就要盡可能地營造出熱烈的講話氣氛。

不同幅度的動作和表情會表現出不一樣的情感狀態,你可以採用大幅度的動作和表情來輔助自己的講話,如原本你左手向斜上方揮動 30 度表示肯定的時候,現在你可以將這個幅度擴大到 60 度;原本你用微笑來表示自己的親和,那麼現在你可以用熱情、爽朗的笑聲來應對聽眾。

此外,不管你處於什麼狀態,只要不是為了強化自己的力量感,就要表現出十足的熱情,即使假裝,也要讓自己看起來熱烈無比。從出現在聽眾面前的時候開始,我們就要輕快地走動,臉上表現出期盼的神態,漸漸地,就會像你所表現的那樣真的熱情起來。

第七章　幽默破冰：語言帶幽默，場合更輕鬆

幽默：社交不可或缺的潤滑劑

幽默具有無窮的魅力，很多偉人都是藉助幽默的力量打開了與他們打交道的每一個人的心靈。

原一平是日本人壽保險業中的銷售之神。他天生個子矮，只有 145 公分左右。他曾一度為自己的身材而苦惱，但後來他了解到，身材的高矮已成定局，很難再改變，最好的辦法就是坦然接受，然後設法將這個缺點轉化為優點。

一天，原一平的上司對他說：「體形高大、身材偉岸的人，在拜訪時比較容易獲得客戶的好感；而身材矮小的人，在這方面往往不占優勢，而且有時候還會吃大虧。你和我都屬於身材矮小的人，我認為必須以表情取勝。」聽完上司的話，原一平深受啟發。從那時起，他開始苦練各種幽默表情和幽默語言，並獲得了很大成功。在他向客戶介紹情況時，經常把客戶逗得哈哈大笑，從而讓客戶留下了可愛可親的印象。在原一平的推銷生涯中，這樣的例子比比皆是。

一次，他去一位陌生的客戶家裡推銷人壽保險：「您好！我是明治保險公司的原一平。」

「啊！又是明治保險公司，你們公司的業務員昨天才來過，我一向最討厭保險了，所以昨天我拒絕了他！」

「是嗎？不過，我比昨天那位同事英俊多了吧！」

「什麼？昨天那位仁兄長得又高大又英俊，可比你好看多了。」

「矮個子沒壞人，再說辣椒是越小越辣！俗話不也說『人越矮，俏姑娘越愛』嗎？這句話可不是我發明的啊！」

「哈哈！你這個人可真有意思！」

就這樣，經過原一平一番幽默解釋之後，客戶的牴觸心理很快就消失了，一來二去，生意很快做成了。原一平的幽默推銷術在日本保險業是有口皆碑的，正因為如此，他被尊稱為日本的「推銷之神」。

由此可見，在銷售中，適當地幽默一下，能迅速降低客戶對你的敵意，促使銷售成功，這就是幽默的魅力。但是，銷售人員切記：幽默千萬不要過度，否則很容易讓客戶留下輕浮、不可靠的壞印象。

幽默是打開客戶心門的金鑰匙，銷售人員如果能在拜訪時學會幽默，必然會給予客戶和藹可親、談吐風趣的好印象，這對銷售的達成大有裨益。

現代人需要幽默語言，如同水之於魚、陽光之於樹木、鹽之於生活一樣。具有幽默感和幽默力量，是現代人應具備的特質之一。

獲得幽默語言有很多途徑，大致來說，有下面幾種：

第七章　幽默破冰：語言帶幽默，場合更輕鬆

首先，可用「趣味思考方式」捕捉生活中的喜劇因素

「趣味思考」就是指「錯位思考」，也就是指不按普通人的思路想，而是「岔」到有趣的地方去。

其次，要有「瞬息構思」的才能，掌控必要技巧

幽默風趣指的是一種「快語藝術」，它突破慣性思維，遵守反常原則，想法與語言幾乎一致，觸景即發，涉事成趣，出人意料又在情理之中。

再次，要注意修辭手法的靈活應用

極度的誇張、反常的比喻、順拈的借代、含蓄的反語，以及對比、擬人、移就、對偶等都可以構成幽默。

最後，要注意蒐集生活中的素材

我們有豐富多彩的生活，提供了許許多多妙趣橫生的素材，這些素材不自覺地進入我們記憶倉庫的也很多，假如我們能做個「有心人」，就會讓自己的語言材料豐富起來。

冷場時，善用幽默化解尷尬

　　與人來往交流，大家都能夠開開心心，各抒己見，一直保持情緒高漲，是每個談話者都期望見到的情景。但是，每個人都難免會遇到彼此都進行不下去的話題，這就是所謂的「冷場」。

　　生活中很多人與別人交流的時候，提出的一些話題經常不能引起別人的興趣，或者人們不願對此做出反應，這樣就導致了冷場。比如，一個人總是喜歡談論與自己生活瑣事有關的話題。這樣的話題，一開始時大家可能會出於尊重你的原因而耐著性子聽你講，可是時間久了，大家就會慢慢開始厭煩，畢竟誰願意一直做別人的陪襯品呢？而且這樣的話題無非就是一些每個人都會遇到的小矛盾，大家境遇相似，沒什麼稀奇，也沒必要拿出來進行反覆「探討」，慢慢地，交談的活動就無法繼續進行下去了。

　　比如，有些人總是喜歡打聽別人不願意透露的資訊，不經意間揭人家的短。類似於某某人的薪資待遇如何？工作時最看不慣誰？跟家人的關係怎麼樣等等。其實對於別人來說，這些就是對方的隱私。既然是隱私，每個人肯定不願意提及。如果你總是有意無意地打聽這些事情，別人就會覺得你很唐突；要麼會選擇沉默，要麼就是用一些含糊的理由搪塞你。正是由於你不合適的語言，導致了尷尬的出現。

第七章　幽默破冰：語言帶幽默，場合更輕鬆

再比如，有時候一個人為了迎合他人的意願或者話題，故意不懂裝懂，或者歪曲事實，在那裡胡編亂造。但畢竟這些話題他不了解，沒有建立在事實基礎上的事情，說不了幾句自己也會「編不下去」，「冷場」就出現了。

其實冷場時，如果有人能用幽默的語言激起大家談話的興致，或者是在搞笑中化解尷尬的氣氛，就可以讓大家忘記之前的不快，順利進入下一個話題。可以說，幽默是冷場的救命稻草。

小松是一位列車售貨員，他負責販賣糖果、花生、瓜子等小零食，也包括一些地方特產——燒雞、大麻花、牛奶片等。

夏天是最熱的時候，也是牛奶片一年中銷量最少的季節。但是列車上有規定：每位售貨員每趟火車必須售出 10 箱，也就是將近 500 包的牛奶片。小松為了完成任務，使出了渾身解數。

小松走到列車中間，清了清嗓子，然後對旅客們說：「大家好，我是本次的列車售貨員小松。在這裡耽誤大家幾分鐘時間，讓我來介紹一下自己。我叫小松，來自一個貧窮的家庭裡。雖然我們家非常窮，但是我爸媽最後仍然讓我上了大學，大家知道是為什麼嗎？」

此時大家開始議論紛紛，有的說是借親戚朋友的錢；有的說是政府補助的；甚至還有人半開玩笑地說是砸鍋賣鐵才讓他上的學。總之，各種理由乘客們幾乎都說了一遍。

> 冷場時，善用幽默化解尷尬

看著乘客們急切的眼神，小松大聲說：「你們真的很笨，這都猜不出來！」

聽完小松的話，大家都尷尬到了極點，車廂裡靜悄悄的，誰也不說話了。

眼看大家討論的熱情就要被澆滅，交流馬上就要冷場。

小松卻一本正經地說道：「其實當時我們家賣了幾頭牛，一頭牛賣的錢也不多，也就賣了幾萬多塊錢吧。我們家真的很窮，也沒賣幾頭牛，也就四、五千頭吧……」

小松說完此話，整個車廂的人都哈哈大笑起來。大家都明白了小松剛才所說的都是「反話」，正是為了逗大家開心呢，剛才尷尬的氣氛也一掃而光了。

小松見大家來了興致，就接著調侃道：「但是，我媽當時特別聰明，她只賣了公牛，把母牛給留了下來。為什麼？因為母牛可以產牛奶呀！但由於牛奶太多了，不好保存，我媽媽就把這些牛奶用吹風機把它們風乾，切成了塊狀。也就是我手中牛奶塊的原始做法，它具有牛奶所有的營養價值，能夠美白、潤膚……」

大家聽著小松的話正在沉思，突然，小松眉毛一挑，一本正經地說：「其實我昨天就是因為自己太黑了不敢來見你們，然後我吃了幾塊我手裡的牛奶塊，今天變白了才敢來見大家！」

203

第七章　幽默破冰：語言帶幽默，場合更輕鬆

　　大家又被小松的誇張給逗樂了，哄堂大笑起來。並且還一邊笑一邊議論起牛奶的美白效果，氣氛一下子就活躍了。

　　「不僅如此，它的口味還特別好。來來，各位旅客朋友們不信的話就來嘗嘗我這『美白神器』的味道如何？」說著就拿出了早已準備好的牛奶片。

　　就這樣，小松輕鬆地賣出了所有的牛奶片，順利地完成了任務。

　　小松正是在話題快要冷場的時候，善於運用幽默的語言，化解尷尬，讓每個客戶時刻保持高漲的情緒，才能順利達到自己的目的。

　　生活中與人交流，一定要學點幽默的方式和方法。在遇到冷場的時候「幽上一默」，可以讓你受到周圍人的喜愛。

委婉的幽默，成就八面玲瓏的你

　　當你遭遇「吃軟不吃硬」的人時，當你礙於情面不知怎樣開口時，當你「啞巴吃黃連 —— 有苦說不出」時，當你困惑於該怎樣表達愛意時……委婉的幽默都可能幫你解憂，讓你成為八面玲瓏的社交達人。

案例一：

有一對夫妻非常恩愛。一次，丈夫患上了重感冒，臥床不起，脾氣糟到了極點。這一天，妻子下班後，又聽到丈夫在發牢騷，說自己快要憋死了。

於是，聰明的妻子趴到丈夫身邊，用請求的表情對他說：「噢，親愛的，你千萬不能死。我的衣櫥裡，連一件漂亮的黑色衣服也沒有呀。」

丈夫馬上露出了笑容，順勢回答道：「好吧，我就等你把黑衣服準備好再離開。」

病人通常都有些敏感，照顧病人不僅需要耐心和智慧，還得學會委婉地使用幽默實現目的。如果只靠講道理，很可能會事倍功半，甚至激起病人的厭煩情緒。這位聰明的妻子正是運用了委婉、幽默的方法，用「請求」的語氣讓丈夫放鬆心情，從負面變為正面。

案例二：

戰國時期，魏國吞併了中山，魏文侯把這塊新占的土地分封給了自己的愛子。

一天，魏文侯問群臣：「我是什麼樣的君主？」眾人答：「仁君。」只有任座表示異議說：「分封土地，給兒子而不給弟弟，算什麼仁君？」魏文侯聽後非常反感，任座因此離席而去。

第七章　幽默破冰：語言帶幽默，場合更輕鬆

　　文侯又問翟璜。翟璜回答：「臣認為是仁君。」文侯問：「你為什麼如此認為呢？」翟璜說：「我聽人講，『君王禮儀，臣下就耿直』。剛才任座說話那麼直率，就足見您是一位仁君。」魏文侯聽後羞喜交加，立刻命人把任座請了回來。

　　這裡，翟璜並沒有說謊。因為他找到了有力的論據來支持自己的論點，儘管和任座說法相反，卻獲得了預期的效果。他把魏文侯捧上了「仁君」的位置，讓其下不了臺，為自己和任座解了眼前的困境。

　　在勸諫的時候，委婉的語氣總是能發揮事半功倍的效果。這種為人處世之道的形成，跟儒家文化數千年來潛移默化的影響有著很大關係。在古代，人們對自己的語言和行為的要求更為苛刻，「君為臣綱，父為子綱，夫為妻綱」等三綱五常的教條，特別是對君王身邊的臣子們來說，就像時刻有一把無形的刀架在自己的脖子上。俗話說「伴君如伴虎」，一不小心腦袋真的會搬家，所以想要生存下去的大臣們都要熟練掌握「勸諫術」。

　　人是一種情感豐沛的動物，因而會產生各種微妙的情緒反應。人與人之間的互動不是單純的「你來我往」，其中還包含著諸多微妙的「真理」。每個人都需要學會察言觀色又不卑躬屈膝，學會委婉含蓄、不惡語傷人，學會在給足別人面子的同時無損自己形象，學會堅持原則的同時八面玲瓏。

比如：對陷入愛河的人來說，戀愛過程是最為甜蜜的。拐彎抹角的委婉是對付情人的絕佳武器，它不僅能增添戀愛的神祕感，還能營造一種含情脈脈的氣氛。女孩子常對自己的男朋友說：「你真壞！」這就是典型的戀愛委婉用語。「你真壞」三個字具象地將戀愛中的女孩子的嬌嗔、害羞刻劃出來，再加上語氣和神態的配合，絕對攻無不克。

同樣，婚姻生活也離不開委婉幽默的潤滑。假如夫妻雙方長期一本正經地講話，會產生距離感，影響婚姻的品質。已婚人士要有效利用各種話題，讓生活幽默起來。

值得注意的是，委婉幽默儘管非常有時效性，但同時也具有「殺傷力」，一旦運用不當就會演變為反語，而反語和諷刺是形影不離的好兄弟。這時，委婉不僅很難營造出幽默的效果，還會變成傷害對方感情的利劍，產生相反的作用。

設定懸念，幽默地「設包袱」

在敘述某件趣事的時候，不要急於將結果公之於眾，而應以獨具特色的語氣和帶有戲劇性的情節，來顯示幽默的力量。具體來說，就是巧妙地對聽眾設定懸念，幽默地表達自己的想法。

第七章　幽默破冰：語言帶幽默，場合更輕鬆

在對話溝通的過程中，假如能夠恰到好處地結下一個個「釦子」——懸念，在說出最關鍵的那句話之前沉住氣，就會使聽者在迴旋推進的言論中興味無窮，產生「山重水複疑無路，柳暗花明又一村」的感覺，因而一步步實現預定的說話意圖。

案例一：

有一天下課，一位女同學突然走到講臺前，對老師說：「我不喜歡聽你講課！」老師非常驚訝，問道：「為什麼啊？講得不生動嗎？內容不深刻嗎？還是語言囉唆？」女同學回答：「都不是！因為你的表情太嚴肅、眼睛瞪得太大，我不好在下面看小說。」

學生們聽了，先是吃了一驚，而後都大笑起來。

這位女同學主觀上並不是要否定這堂課，而是要肯定這堂課：老師要求嚴格，學生上課才變得認真。這個故事一開始就先設定了一個大大的懸念，將聽眾引入歧途，這懸念通常為造成反常的結果做鋪陳。幽默者運用反向思考的方法將真相抖出，既解答了懸念，也將自己心中的意思表達得淋漓盡致。跟直白地說「老師你的課太棒了、太酷了」相比，這種幽默產生的效果要更智慧、更藝術。

案例二：

因為最近工作比較忙，嚴岩已經好多天沒有跟妻子一起吃飯了。這天晚上，嚴岩又加班到 9 點多，忙了一天很累並有點

設定懸念，幽默地「設包袱」

煩。回到家裡，發現妻子還沒有睡，在等他。妻子對他說：

「嚴岩，我能問你一個問題嗎？」

「什麼問題？」

「你一小時賺多少錢啊？」

「在這裡等我不睡覺，就是為了問這個嗎？無聊！」嚴岩生氣地說。

「我只是想知道，你就告訴我嘛，一小時多少錢啊？」妻子跟他撒嬌。

「你真的想知道的話，我一小時賺 30 元。」

「哦，」妻子低下了頭，接著又說，「嚴岩，能借我十個一元的硬幣嗎？」

嚴岩生氣了：「開什麼玩笑呀，快去睡吧。我很累，沒時間跟你鬧著玩。」

妻子安靜地進了臥室。過了一會，嚴岩感覺自己有點太凶了 —— 可能妻子真的需要十個硬幣。

嚴岩走進臥室：「睡了嗎？」

「還沒有。」妻子回答。

「我剛剛對你有點凶，別生氣。」嚴岩說，「這是你要的 10 塊錢，現在我沒有硬幣，明天你去換好嗎？」妻子開心地接過 10 塊錢，然後從床頭拿出存錢罐，倒出硬幣開始數。

209

第七章　幽默破冰：語言帶幽默，場合更輕鬆

「你存這麼多一元硬幣幹麼？」嚴岩問。「這些錢都是你做這個專案期間存的，因為我知道你這次的任務很重，並且時間很緊，肯定會有不小的壓力，我一天存一個，一天許一個願，希望你每天都能開開心心的。有了這 10 塊錢，我就可以提一個小小的請求了。」

嚴岩被妻子的舉動給逗笑了：「你說。」

「我可以用這 30 塊錢買你一個小時的時間嗎？明天專案就完成了，我想跟你一起出去吃頓飯。」

嚴岩哈哈大笑：「就這個啊，我還以為是什麼大事呢！沒問題，明天我提前回來，我們吃頓好的去。」

儘管只是一個小小的請求，但這位妻子卻說得唯妙唯肖，風趣幽默。假如這位妻子在丈夫又累又煩的時候說：「明天你的專案就完成了，能不能和我一起出去吃頓飯。」從當時的情況來看，嚴岩不一定會答應。可是，經過妻子的一番巧言妙語，丈夫不僅答應了要求，還將工作的煩惱拋諸腦後，全心感受妻子對自己的深情厚誼。

設定懸念一定要巧妙，要順理成章、有鋪有墊、引人入勝，最後一語道破玄機，否則就會給人故弄玄虛之感。巧設懸念類似於相聲裡的「設包袱」，藉跌宕起伏的情節牢牢吸引住他人，最後再藉「抖包袱」來畫龍點睛，讓人體會到強烈的幽默效果，從而實現自己的目的。

要想懸念設得好、設得妙，除了要博學多識外，更重要的是思想要深邃曠達。博識能為「懸念」提供豐富的「語料」，而睿思則能保證其質是鑽石而不是瓦礫，是珍珠而不是魚目。這樣的幽默才能雅而不俗、豔而不妖。那些善於吊人胃口的人，不管走到哪裡都是受歡迎的，他們令人在笑聲中感受到高品味精神文化的滋潤，使其在愉悅中認同並接受自己的意見。

設定懸念也需要一定的技巧，如果你迫不及待地把結果說出來，或是透過表情與動作的變化暗示出來，那就像煮餃子把皮煮破了一樣，幽默便失去了原本的效力，只能讓人感覺掃興。不過，凡事都要有個度，設定懸念也是如此。

一個口才好的人，必然是一個風趣幽默的人。作為一個風趣幽默的人，如果想得到更多人的支持和幫助，在社交中如魚得水，那就要經常使用「設定懸念」的幽默方式。

掌握用幽默消弭怨氣的藝術

一般來說，真正精於談話藝術的人，是那些善於引導話題，同時又善於使無意義的談話變得風趣幽默的人，這種人在社會生活中往往遊刃有餘、左右逢源。

民國時期，將領馮玉祥還在擔任旅長時，有一次在四川順

第七章　幽默破冰：語言帶幽默，場合更輕鬆

慶駐防，與一支友軍發生衝突。這支友軍非常驕橫，長官穿黑花緞馬褂、藍花緞袍子，在街上轉來轉去，如同當地的富家公子一般。

有一天，馮玉祥的衛兵向他報告說：「我們的士兵在街上購買東西時碰到友軍，他們看我們穿得破舊，罵我們是孫子兵。」

馮玉祥看了一下自己穿的灰布襖，便說：「由他們罵去，沒什麼可氣的。這正是他們墮落腐化與恬不知恥的表現。」

為了避免發生暴亂，馮玉祥立刻集合全體官兵進行訓話：「剛才有人告訴我，說與我們駐守一地的友軍的士兵罵我們是『孫子兵』，聽說大家都非常懊惱，可是我倒覺得他們罵得沒錯。按照歷史的關係說，他的旅長曾經當過二十鎮的協統，我本人就是二十鎮裡出來的，你們又都屬於我的學生，算起來你們不恰好矮兩輩嗎？他們說你們為孫子兵，這也沒錯不是嗎？再拿衣服來說，綢子的兒子是緞子，緞子的兒子是布，如今他們穿綢子，我們穿粗布，因此他們稱我們是孫子兵，不也恰當嗎？不過話雖然是這麼說，如果有朝一日上戰場，那時就能看出誰是爺爺，誰是真的孫子來了！」

幾句話將官兵們說得大笑起來，再也不生悶氣了。

在這裡，馮玉祥用的就是得體、恰當的語言，因為下屬們很為自己的受辱而不平，他們不但需要解悶還要發洩怨氣，而馮將軍的幽默語言在此便發揮了一石二鳥的功效。

掌握用幽默消弭怨氣的藝術

說服他人，重要的是要抓住事物的核心和關鍵所在，軍隊就是打仗的，馮玉祥抓住了這一實質，把手下人說得心服口服。

在生活中，我們常常會遇到意想不到的新情況或意外變故，這就要求我們必須迅速適應，並快速說出合乎新情況的得體的話。特別是當時的情勢要求我們拿主意時，用什麼樣的方式來表達我們的意志和願望就變得很重要。

一個人能否面對發生的情況，用得體恰當的語言表達形式來表述觀點反映著他的機智和聰明，一旦碰到意外的變故，要表現出高度的冷靜和強烈的自信，甚至伴以適當的微笑。只有這樣，才能使自己在冷靜中產生急智，發揮自己敏捷的思考能力和語言應變能力。也只有這樣，才能擺脫困境，化險為夷，化拙為巧，收到理想的效果。如果情緒過分激動或緊張，只會抑制自己的思考活動，使自己陷入不利的境地。

應變的語言最好能詼諧幽默一些，因為這樣的語言能使局促、尷尬的場面變得輕鬆、緩和，避免正面衝突，也能使自己和對方的緊張情緒得到緩解，甚至可以消除對方的敵對情緒，達到「笑語一句泯怨仇」的效果。

第七章　幽默破冰：語言帶幽默，場合更輕鬆

變被動為主動，學會幽自己一默

發生了糗事後，很多人都尷尬不已，恨不得馬上找個地縫鑽進去。其實在出糗時，我們完全可以變被動為主動，主動幽自己一默，讓大家一起開心一下。

案例一：

在一次南非發展共同體高峰會上，南非前總統曼德拉（Nelson Mandela）接受了南共體授予他的「卡馬勳章」，並發表了一段重要的演講。講到一半時，曼德拉突然發現講稿的前後頁順序對不上了，急忙來回翻看，可一時也找不到正確的頁碼。

這時，整個會場寂然無聲，曼德拉也嗅出了空氣中的尷尬味道，便不慌不忙地說：「我把講稿的次序弄亂了，你們要原諒一位老人。不過，我知道在座的一位總統在一次發言時把講稿次序弄亂了，而他自己卻不知道，照樣往下唸。」

曼德拉說完，整個會場笑聲一片。不過，曼德拉還覺得不夠，他又接了一句說：「其實，講稿不是我弄亂的，祕書是不應該出現這種錯誤的。」

於是，剛剛止歇的笑聲又一次響起，大家連連鼓掌，會場裡響起熱烈的掌聲，滿堂喝采。

曼德拉的幽默感彷彿是與生俱來的，不僅毫無譁眾取寵、

故弄玄虛之嫌,反而像是跟你自然地閒話家常。就算不小心出了糗,他也臉不紅心不跳,並主動放低姿態,請大家原諒一位腦筋糊塗的老人。一位年過八旬的老人提出這樣的要求,誰還忍心責怪呢?不過曼德拉更厲害的地方在於他在道歉之後還能沉著、冷靜地將「戰火」引到別人身上,使自己的錯看起來微不足道。

當然,要想在出糗後來個幽默,話語間必須要銜接自然,否則很難化解窘境,甚至可能會讓局面更加拘謹尷尬。

有幾個人沒出過糗呢?比如眾目睽睽下摔個大跤,去餐廳吃大餐卻沒帶錢包啦……這些都會讓你陷入尷尬,接下來周遭人那肆無忌憚的大笑,可能會讓你想馬上找個地縫鑽進去。於是,你就像個小丑,可憐巴巴地變成了笑話,讓你的糗事看起來更「糗」。其實,「糗」不「糗」並不在別人,而在你自己。

如果把出糗當作大事,你自然幽默不起來;如果你心理健康、樂觀豁達,幽默感自然會跟在你的身後。很多時候,出醜並不是件壞事,比起無可挑剔的人來說,有些小缺點的人更顯得真誠、可信,自然也會在人際互動中更有魅力。

案例二:

一次,白宮舉行鋼琴演奏會,雷根(Ronald Reagan)總統正在進行演講。當演講進行到一半時,他的夫人南希(Nancy Rea-

第七章　幽默破冰：語言帶幽默，場合更輕鬆

gan）不小心連人帶椅跌落在臺下的地毯上。

在觀眾的驚叫聲中，第一夫人靈活地爬了起來，伴隨著兩百多名賓客熱烈的掌聲，南希尷尬地回到了自己的座位上。

南希的這一跤，不僅讓南希自己覺得沒有面子，就連雷根總統也覺得有幾分尷尬。他見夫人並沒受傷，便詼諧幽默地說：「親愛的，我告訴過你，只有在我沒有獲得掌聲的時候，你才應這樣表演。」

觀眾席爆發出熱烈的掌聲，雷根夫婦的尷尬也就此化解。

南希的摔倒，讓這對夫婦陷入了尷尬。這種時候，假如雷根總統一言不發，就會顯得夫妻關係不夠融洽，不僅第一夫人感覺難堪，就連臺下的人也會覺得不快。可是，如果他埋怨南希，或是埋怨會場布置疏忽，就會顯得他小題大做、風度不佳。於是，雷根總統編造了一個小故事，不僅化險為夷，給了南希和自己一個臺階下，更顯露了個人的幽默、豁達，拉近了跟聽眾的距離。

出糗後找藉口可以天馬行空，不著邊際，因為沒人會去計較真假，只要能夠在當下將大家的注意力轉移，讓氣氛不那麼尷尬，就算大功告成了。

一個人的糗事通常具有極其強大的娛樂效果和勵志效果。一般來說，只要出糗者能夠鎮定自若，那周圍看笑話的人也會覺得此事不嚴重。假如出糗者先自亂了陣腳，往往就會讓人覺

得懦弱,並且會讓自己陷入尷尬之中。

舉個例子,你不小心在朋友面前摔倒了,如果選擇紅著臉偷偷溜走,大家可能會一直記得這件事;如果你氣定神閒地爬起來,然後問問周遭的人:「我的屁股是不是成兩瓣了?」那大家聽了肯定會哈哈一笑,之前那種出糗、尷尬的氛圍也會一掃而空,大家對你的印象自然也會加深。假如你是位女士,提「屁股」有傷大雅,那你可以在站起身後自嘲一句:「這一跤跌得難看,但我起來的姿勢還是非常淑女吧?」

一般來說,越是在出糗的危急關頭,就越能考驗一個人的幽默能力,因為這時沒有時間搜腸刮肚想招數,又必須在最快時間做出反應。假如你不能迅速轉移尷尬,一下子找不到那個無傷大雅的「笑點」,那就選擇厚著臉皮拿自己開玩笑吧!連佛洛伊德(Sigmund Freud)都說:「最幽默的人是最能適應的人。」

「自我解嘲」,幽默的最高境界

「自我解嘲」,又稱自嘲,是當一個人有了過錯,受到別人過分的嘲諷時,透過「自毀形象」來化解尷尬的一種手段。

「自我解嘲」,是幽默的一種,它其實就是讓聽眾知道:我對大家是坦誠的。透過放下身段,巧妙地拿自己「開玩笑」,拉

第七章　幽默破冰：語言帶幽默，場合更輕鬆

近與聽眾的距離，帶動現場的氣氛，為自己博得「滿堂彩」。

許多演藝圈裡的明星，或者是擁有說話技巧的交際者，往往都懂得運用幽默的語言進行自我解嘲，來化解自己的尷尬，實現由劣勢向優勢的逆襲轉變。

演藝圈中，在「自我解嘲」這條道路上走得最遠、最成功的應該就數楊演員了。

在拍攝電影海報時，楊演員被許多網友吐槽擺的姿勢都是托腮。對此楊演員幽默地自嘲道：「時間在變，我們在變，我們說好的誓言也在變，唯一不變的只有林蕭（電影中楊演員飾演的角色名字）牙痛的右臉。」

楊演員透過調侃自己托腮的動作為「牙痛的右臉」，順利地把大家的注意力從「楊演員擺拍姿勢差」這個話題，轉到了她幽默的比喻上。她自嘲的比喻不僅把快樂帶給了大家，更掀起了一股自嘲潮流。楊演員作為這個話題的發起人，她自信並自嘲的態度被許多人誇讚「接地氣」、「坦蕩」，一時間吸粉無數。

還有一次，楊演員演唱某電視劇主題曲時，有人吐槽她的嗓音嗲，難聽；更有人編了個段子放到網路上來諷刺她：「你們不要再黑楊演員了，我的命都是她救回來的。我因為一場車禍昏迷了三個月之久，有一天護理師打開收音機，裡面放著她唱的歌，於是我爬起來把收音機給關了！」

對此，楊演員也特意發文回應稱：「每一天，都希望自己能

> 「自我解嘲」，幽默的最高境界

過得開心，過得有意義。比如沒事做的時候，就想唱唱歌，救救人什麼的……」幽默地以其人之道，還治其人之身。從發起者的話題中就地取材，將尷尬不知不覺地轉移。當然，大家茶餘飯後的話題也順利地從「楊演員唱歌難聽」變成了「楊演員霸氣回應抨擊者」。為此，好多人被楊演員機智的反擊折服，紛紛成為她的粉絲。

自此以後，許多公眾人物更加喜歡運用「自嘲」來吸引大眾視線。比如一位電視主持人，經常調侃自己的身高和長相，卻反而贏得了許多觀眾緣。再比如商界傳奇人物馬雲常常拿自己奇怪的長相，來調侃自己：「首先，說我『瘦馬』的人有，說我『駿馬』的人很少，說我『駿馬』的說明你眼光真的很不一樣。」但這些自嘲的話絲毫不損馬雲在許多人心目中的正面形象，反而讓更多人對其更加喜愛。

「自我解嘲」不僅在明星、名人中異常流行，普通人也常常把它當作拓寬人際互動的技能。

小宋是一個身高很矮的保險業務員，是那種一站到人群中就明顯感覺到矮的人，但是他卻喜歡和一群個子很高的人打籃球，並且每次都玩得特別投入，特別有熱情。許多業務員經常在背後偷偷議論他：「明明長得像個陀螺，卻喜歡打籃球。」

但是小宋卻這樣回應別人的無禮：「我人生中的最大樂趣，就是和大自然作對。它喜歡高個子，我就偏偏長成個陀螺！」

第七章　幽默破冰：語言帶幽默，場合更輕鬆

　　他這種勇於「自嘲」的精神，受到了許多人的敬佩。而那些背後議論他的人，也慢慢地被他的大度所折服，開始越來越喜歡他。

　　勇於幽默自嘲的人，絕對是擁有一顆強大內心的人。自嘲者往往擁有較高的自我價值感和自我效能感，以「嘲笑自己」來取悅身邊的朋友──自嘲的本意並不是真的「嘲笑」，而是在傳達一個態度：我不會懼怕任何人對我惡意或善意的抹黑。

　　另外，自信者的「自嘲」還展現了一種人際互動的大智慧。不管是什麼樣的人，都喜歡真實的感覺。比如，有些人對外界表現得自己很「高尚」，大家就會覺得這個人「特別假」；若是你真的出點醜，大家反而會覺得你「很接地氣」，覺得與自己有相同的地方，當然就更願意與你交流來往。

　　自嘲者運用的是一種化攻擊為讚美的有效方式：別人對你惡意攻擊，你努力「接住」，而不是把這種攻擊反擊回去。這樣大部分的人都會對你表示讚許，認為你大度、性格好等等。當然，你反其道而行之的態度，也會越來越吸引其他人與你做朋友。

　　所以，聰明的交流者往往會選擇「避重就輕」地「自嘲」來迎合對方，讓事情變得既好笑，又不失分寸。假如一個人開自己的玩笑，並且也不介意別人加入自己的玩笑，大家都把這些諷刺的話當成玩笑，誰都不會當真，又都很開心，何樂而不為呢？自嘲

> 「自我解嘲」，幽默的最高境界

者也因此而擁有了好人緣，增加了喜歡自己的「粉絲」，可謂日常交際中的雙贏。

第七章 幽默破冰:語言帶幽默,場合更輕鬆

第八章　化解僵局：
打破尷尬局，話題能延續

　　大千世界，芸芸眾生，在成長的道路上，遇到他人有意無意地刁難，是再正常不過的事情了。我們要做的，並不是想辦法避免自己遇上刁難，而是要學習在遇到刁難時，該怎樣去有效地應對。

第八章　化解僵局：打破尷尬局，話題能延續

面對挑釁，該反擊時就反擊

有的時候，我們總會遇到一些難以應付的場面，比如出乎意料的訓斥、氣勢洶洶的責難、蓄意的諷刺、挖苦等。這個時候，是暴跳如雷、面紅耳赤地跟他對罵，還是運用你的高情商有理、有利、有節地回敬對手，讓對方啞口無言的同時，還能讓你贏得路人的掌聲。後者無疑是更高明的做法，但這就需要當事者具備極強的心理特質和高超的說話技巧。

某天，小晗正在用公司的掃描器掃描許多年前的老照片，碰巧被同部門的幾個同事看到了，於是大家便圍過來湊熱鬧，對著照片自是品評一番說說笑笑。這時，公司的「毒舌」金燕恰好路過，她也湊過來假意看照片。

有同事拿起一張照片問小晗是何時拍的，只見照片上的小晗胖嘟嘟的小圓臉，開心地手捧獎盃站在領獎臺上，旁邊側立的人紛紛鼓掌。「哦，這個是國中時候的一次知識競賽，我拿了全校特等獎。」小晗有些不好意思地說。

「哎呀，想不到小晗你小的時候那麼聰明哦！」

「是啊，還看不出你是個小才女咧！」

同事七嘴八舌地邊說笑邊和小晗輕輕打鬧著，此時卻從旁邊傳來一個不太和諧的、極其不屑的聲音：「切，小時候聰明的

人長大了一般都不會聰明到哪裡去嘍！」

不用看也知道說出此話的正是站在一旁伺機找碴的金燕，周圍的人瞬間沉默了，偷偷看著小晗的臉色，擔心兩個人會就此吵起來。

不過小晗倒是一副自得其樂的表情，假裝親暱地走到金燕身邊，輕輕說了句：「那看來你小的時候一定比我聰明很多倍嘍！」說完便手拿照片揚長而去，周圍的同事也紛紛帶著一副偷笑的表情悄悄溜出門去，只剩下獨自在屋裡跺腳的金燕。

在與人互動時，我們可能會被別人有意無意地奚落、挖苦。這時候你越一味退讓就會使對方覺得你好欺負，楚楚可憐也要會用對地方，應付懷有惡意故意挑釁的人，你就得拿出天不怕地不怕的氣勢，用「以眼還眼，以牙還牙」的辦法。

當然，將難題拋還給對方，也要拋得有技巧、有水準才好，最好是就著對方的話題反問對方，或是根據對方所說的話延伸下去做文章，就如同小晗反將金燕那樣。

將問題拋回去可不等同於岔開話題轉去談別的，否則便會讓人看出來你是在有意躲避。當對方咄咄逼人，故意想讓我們難堪時，有以下幾個應對方法可供參考：

第八章　化解僵局：打破尷尬局，話題能延續

1. 以退為攻

假如對方是以刁鑽的問題逼問你，讓你必須回答、不能推辭，那麼這時你可以假裝退卻，讓對方自以為是地逼過來，再誘導他跟著你的思路走，順勢把他帶遠，讓他完全進入你的圈套之後，再回過頭來對他進行反擊。

2. 後發制人

這是使自己能站穩腳跟的最有效的辦法，一般當對方到了已經不能自圓其說或者已是山窮水盡的時候最為有效。因為人總是有弱點的，只要我們先忍一時，等抓住對方話語中的漏洞之後就把這一點無限擴大，讓他無力應對，從而為自己出一口氣。

3. 把球踢給對方

當對方所提問題的角度很刁鑽，你回答肯定或否定都有可能令其再次抓住話柄時，那麼你就不要正面回答，而是將問題再拋還給對方，將對方一軍，把燙手的山芋再扔回去。

在生活中，尤其是說話時，如果遇到了他人無端的挑釁，該反擊時絕不要嘴軟，要用事實向對方宣示：我可不是好惹的！

他人設「梗」，不妨順著話題往下接

歌手 A 的新歌發表會上，一位前輩為了表示祝賀，特地捧一把大麥送上臺去，對 A 說道：「祝你專輯能夠大賣。」

A 見狀故意設「梗」說道：「咦？你這把好像是水稻啊！」

前輩順勢說道：「那更好啊，水（稻）到渠成嘛！」

前輩順勢而為，穩穩當當地接住了對方丟擲來的「梗」。這就是會說話的精妙之處。

我們在生活裡也經常會遇到這種情況，當我們說話時對方突然丟擲一個「玩笑梗」讓我們不知所措，有些是朋友知己間的善意調侃，有些則是心懷鬼胎的人找碴或是暗地諷刺。無論是哪種情形，高明的辦法就是接著對方的話題往下講，而低等的辦法則是立刻翻臉或是爭辯較真。

朋友之間，高明的招數可以讓彼此間的氛圍迅速升溫，低等的招數則會令對方陷入尷尬，並且以後不敢再與你開玩笑。對於那些不懷好意的人，高明的招數可以實現見招拆招，做得妙還能「反咬一口」，把矛頭還給對方，而低等的招數則無疑意味著向對方繳械投降，讓對方奸計得逞。

那麼，如何才能巧妙接住對方丟擲來的「梗」呢？下面幾個方法可供參考：

第八章　化解僵局：打破尷尬局，話題能延續

1. 借題發揮

某大學中文系在開學第一天開了個座談會。新生們需要一個個的做自我介紹。當輪到來自鄉下的牛力時，他剛說了句：「我姓牛，來自鄉下……」不知誰小聲說了句：「瞧，鄉下小牛進城喝咖啡了！」聽完，許多人都笑了起來。

牛力先是一愣，但很快就鎮定下來，說道：「是的，我是來自鄉下的小牛。不過，我進城是來『啃』知識的，以便回鄉下耕耘。我『吃的是草，擠出來的是奶和血』。我願做家鄉的『孺子牛』！」

話音剛落，大家熱烈地鼓起了掌。牛力用自己的機敏，順著那位同學過分的玩笑話，引用魯迅的名言，不但擺脫了尷尬的場面，而且表達了自己做人的準則，為自己贏得了喝采。

當有人對你設的「梗」帶有一定的侮辱性質，而拋「梗」的人又不是惡意刁難你的時候，如果你能順著對方的話，再借題發揮一番，反而把他的話變成你用來誇獎自己的話，可謂是一種最機智的選擇。這樣既能避免自己的難堪，又不至於把關係弄僵。

2. 誘敵上鉤

市集上，幾個小商販擺著麻袋和秤桿，等著收購農民拿來的山貨。一位老農來到一個小商販面前，誠懇地問：「老弟，靈

芝菌一斤多少？」老農的本意是問一斤靈芝菌能賣多少錢，小商販見老農兩手空空，以為他是問著玩玩的，就想開開他的玩笑，開心開心。於是小商販答道：「一斤是十兩，你連這都不懂？」旁觀者們鬨笑起來，使得老農很尷尬。

不過老農略一定神之後，反問小商販：「你做多久生意了？」

小商販隨口答道：「十年了。」

老農哈哈一聲，臉露譏笑地說：「虧你還是個生意人，人家問你多少錢你卻回答多少斤。我看你像個老生意人，才這麼問的，哪裡曉得你連這都不懂，唉……」

老農故意把一聲「唉」拖得很長，這回輪到小商販被人鬨笑了。

當有人純屬惡意地開你的玩笑時，你當然需要毫不客氣地回敬，誘敵上鉤就是其中的一招。你要不急不慢地引誘對方進入你設的語言圈套，在適當的時候反戈一擊，讓對方自討其辱。

3. 反唇相譏

晚會上，一個年輕人邀請一個女孩跳舞。由於年輕人比較瘦小，女孩不願意跟他跳，還非常不禮貌地開年輕人的玩笑：「我不想跟孩子跳舞！」

不過年輕人十分聰明，他收回停在空中的手，道歉說：「對

第八章　化解僵局：打破尷尬局，話題能延續

不起，我不知道你正懷著孩子。」

女孩子的臉一下子紅到了耳根。

生活中，一些尷尬的局面完全是由於別人不敬的玩笑引起的，如果你隱忍退讓，很可能會被人看扁，把你當軟柿子捏；如果針鋒相對，又會把事情搞僵。這時，不妨採用反唇相譏的辦法，把對方開自己玩笑的話轉回到他自己身上去，從而為自己爭取主動。

說話時，對於他人丟擲來的「梗」，我們選擇接住要好過躲避。接住了，順著對方的話往下說，見招拆招，就可巧妙地化之於無形；千萬不要就著對方說出的話反覆較真，那樣你就徹底輸了。

承擔責任，人人都會信任你

在職場生涯中，失敗是常有的，出錯也是常有的，既然有了錯誤，就難免會擔責任。在面對屬於自己的責任時，善於交際的人，總是會勇於承擔屬於自己的責任。

靜靜是一家廣告公司的平面設計師。有一次，一位客戶要在一個廣場做活動，需要一塊大型的噴繪海報。

由於客戶的活動時間相當急，客戶就跟靜靜說：「我沒有時

間來跟你確認版面。我把內容留給你,版面你根據自己以往的經驗,怎樣看著大氣、好看就怎樣設計吧。」臨了的時候客戶說了一句什麼字型,由於人太多,靜靜沒有聽清楚。

客戶走後靜靜就開始忙著找圖片、設計圖案和版面。終於在客戶活動的當天一大早就將噴繪布列印了出來,並通知他過來取。

但是客戶來拿噴繪布的時候,卻發生了一些不愉快。原來,靜靜替他設計的整體版面是白底黑字,這是很普通的一種設計方法,卻不巧碰到了這位客戶的忌諱。他覺得白底黑字是葬禮用的主題色,拒絕接收!並且強調,那天他臨走的時候已經提醒過,要用白底紅字。

聽了客戶的話,靜靜才恍然想起自己沒有聽清楚的那句話,都怪自己沒有多個心眼再向客戶確定一下。

客戶走後,經理將靜靜叫到了辦公室說:「現在客戶拒絕接收這塊布,我們原材料受到損失也就罷了,關鍵是如果客戶還要追究我們耽誤他做活動的事情怎麼辦?」

靜靜聽了經理的話回答道:「經理,我知道這次的事情怨我,我願意承擔這個責任!等一下我跟客戶商量一下,按他要的字型顏色再幫他趕時間重新出一塊布。如果他要追究耽誤他活動的責任,我也會跟他商議做出一些經濟補償,這些費用全部由我承擔,從我薪資裡扣除吧!」

第八章　化解僵局：打破尷尬局，話題能延續

　　經理聽了靜靜的話，心想：她一個小女生，竟有如此大的擔當。經過這件事情之後，經理認為靜靜是一個有責任感的人，值得擔當更重要的職位，於是就提拔她做了設計部主管。

　　靜靜正是在面對自己的疏忽而造成的失誤後，不推脫，勇於承擔自己的責任，才能夠讓自己「因禍得福」。

　　耿軍是一家房地產公司的市場部總監，因為自己行銷指導上的錯誤，導致許多本來意向不大的客戶，卻被自己的下屬拉來強行推銷房源。結果被強行推銷的客戶，雖然當時排了卡，但是開賣的時候卻沒有來選房，反而本來意向很大的客戶因為被排到了後面，沒有買到合適的房子。這不僅使公司的業績出現了嚴重下滑，還導致公司的信譽和名聲受損。

　　老闆對這個結果大不滿意，在會議上將耿軍訓斥了一番。面對眾多的指責，耿軍毫不猶豫地承擔了責任，被公司降職成了銷售經理。不過正是由於他勇敢地站了出來，他的眾多下屬才沒有因此而受到牽連。經過這件事情後，同事和下屬都被耿軍的仗義所感動，在以後的工作中都紛紛配合他出色地完成公司的指標，不久後耿軍又因表現突出而恢復到以前的職位了。

　　耿軍也是在自己出現錯誤後，勇於承擔責任，才會讓自己「雖敗猶榮」；才能在失敗的劣勢下，維護了自己的仗義形象。

　　其實，人生來就要為自己的過錯「買單」。調皮的兒童會由於自己的頑皮而遭到媽媽的責罰；不忠的情侶會為他的錯誤付

出感情破裂或者離婚的代價；導致公司損失的員工也要為自己的行為受到降薪、降職的處罰。總之，在面對由於個人原因而導致的錯誤時，如何收場關係到一個人之後的職場成敗。

有一個人說過：「人生所有的履歷都必須排在勇於負責的精神之後。」勇於承擔責任的精神能夠改變一切，它可以使你變得優秀，生活更加豐富多彩；它可以幫你成為一個值得信賴的人，從而強化你的人際關係；而且，它可以讓你頻頻獲得好運氣的眷顧，從而扭轉你的職業軌跡，使你步步登高。

一個懂得承擔自己責任的人，會讓別人看到他「敢做敢當」的人格魅力。這樣的上司，下屬怎會不死心躢地地追隨？這樣的同事，別人又怎會不願意與其交朋友？

在這個社會中，一個勇於承擔責任的員工會很受老闆賞識，因為老闆會覺得這個人有責任心，值得信賴，能夠放心地對他委以重任。

所以，在職場交際這個大環境的競爭中，一個懂得說話藝術的人一定會在做錯事情或者是在結果沒有達到對方滿意的時候，勇於站出來承擔自己的責任，迎來自己人生的「峰迴路轉」和「柳暗花明」。

第八章　化解僵局：打破尷尬局，話題能延續

及時道歉，將傷害降到最低

人類語言交際的重要作用之一是交流感情，致歉是感情交流的重要環節。致歉分為衷心致歉和禮儀致歉。衷心致歉用於對他人的受損表示歉意，在於獲得受損者的諒解。禮儀致歉則是出於禮儀、禮貌而說出的表示歉意的話語。

某商店一位優秀營業員，有一次接待一位女顧客，這位女顧客挑得相當仔細，足足用了幾十分鐘還沒有挑完。由於當時顧客較多，於是這位營業員便去接待別人了。沒想到這位女顧客不高興了，把臉一沉，厲聲指責道：「你這是什麼服務態度，你沒看見是我先來、他們後來的嗎？為什麼扔下我不管了？」

如果真遇上服務態度不好的營業員，早和這位女顧客「理論」起來了。然而這位營業員走過來和顏悅色地說：「請您原諒，我們店生意忙，對您服務不周到，讓您久等了，我服務態度不好，歡迎您多提寶貴意見。」

這話說得女顧客也不好意思了，她面呈愧色，連聲道歉：「我的話說得不好聽，也請你原諒。」就這樣，這位營業員以謙和的口吻將顧客滿腔的怒火撲滅了。

在使用道歉法的時候，要注意以下幾點：

1. 注意道歉的範圍

以下情況都應向對方表達歉意：同學、親友或老師託付給自己辦的事情沒能辦好時；自己失禮或失手時；無意間碰撞了他人時；在擁擠街道、公車上擠了或踩踏別人時；在餐廳排隊買飯碰落了他人的餐具時；因有事而無可奈何打斷別人談話時；打擾了別人的工作或休息時；敲錯了他人的家門或叫錯了別人的姓名等等。

2. 注意道歉的詞語

表示歉意的詞語一般有這樣一些：「對不起」、「請原諒」、「打擾了」、「很抱歉」、「給你添麻煩了」等。在向別人道歉時，一定要說得極為誠懇，否則不但不會被對方諒解，還有可能激起對方的憤怒。另外，在向對方表示歉意時，除了態度要誠懇外，還要選擇對方樂意接受的語言。

3. 注意道歉的方式

向對方表示歉意的方式有：當面口頭道歉；約時間面談道歉；打電話道歉；書函道歉；到對方家中或公司親自拜訪道歉；託第三者轉達道歉等等。選擇你認為最適合的方式，不論是直

接的還是間接的，有了需要道歉的事就馬上去表示歉意，你就會在交際中獲得更多的朋友和支持。

4. 注意道歉的時機

同學或朋友之間有可能因為一些瑣事發生摩擦和糾紛，事後應馬上向對方道歉。假若對方的火氣正旺，情緒十分激動，不妨採用冷處理的方式，等到對方冷靜下來後，再主動向對方表達歉意。

5. 注意道歉的禮節

道歉時，態度要嚴謹。首先主動承認自己犯的錯誤和過失，對為對方帶來的損害表達深深的歉意與內疚，之後誠心誠意地請求對方給予諒解或寬恕，並詢問對方有什麼具體的條件與要求，對方的理由或要求如果合情合理，要盡量給予滿足。

6. 注意道歉的原則

道歉的原則是：男士理應主動向女士道歉；年幼者應當主動向年長者道歉；學生應當主動向老師道歉：職務低者應當主動向職務高者道歉；子女應該主動向父母道歉。

因自己的言行失誤而打攪或影響了別人，抑或帶給別人精神上或物質上的損害時，都應主動向對方表達歉意，挽回不良影響，以便繼續維持相互間的往來與友好關係。向對方道歉，可以顯出道歉者光明磊落的博大胸襟，往往讓對方心悅誠服，冰釋前嫌。

補救口誤的三種方法

人有失足，馬有失蹄。任何人說話都不可能十全十美、無懈可擊。當你在與人互動時，不小心出現了口誤，千萬不要將錯就錯，要不失時機地把出現的口誤糾正過來，這才是明智的做法。

說出去的話，潑出去的水，雖然說出去的錯話很難收回來，但卻可以用妙語給予彌補。只要你是個精於處事的人，就可以將口誤修補得天衣無縫。

有一次，美國總統雷根去訪問巴西，因為旅途中各方面的原因，在歡迎宴會上，雷根總統出現了一次嚴重的口誤，他說道：「女士們，先生們！大家好！今天，我為能訪問玻利維亞感到非常高興。」

當他講完這句話後，在場的許多人都在竊竊私語，雷根的

第八章　化解僵局：打破尷尬局，話題能延續

　　助手在一旁提示他出現了口誤，雷根意識到自己的錯誤後連忙改口道：「很抱歉，前不久我們訪問過玻利維亞。」

　　事實上，他並沒有訪問過玻利維亞，可是為了彌補自己的口誤，而撒了一個小謊。在場的所有人，都還沒有明白雷根的真正用意，而他那滔滔不絕的長篇大論，已經淹沒了他的口誤。這種彌補口誤的方法，在一定程度上為他留住了面子。

　　值得強調的是，出現口誤後，最重要的一點就是要及時發現，不失時機地用巧妙語言加以彌補，否則等他人都注意到你的口誤後，再想化解難堪就不那麼容易了。通常情況下，彌補口誤有以下三種方法值得人們借鑑：

1. 轉移法

　　所謂轉移法，就是把說錯的話轉移到別人頭上。這樣一來就替自己彌補口誤創造了一個很好的機會。即使別人意識到了你的這一過失，可你這麼一說，對方也不能抓住你的「尾巴」不放，因為你說的並沒有錯。

　　借鑑話術：「這是某些人的觀點，而我卻不這樣認為，我覺得正確的說法應該是⋯⋯」

補救口誤的三種方法

2. 轉折法

所謂的轉折法，意思是說不要在出錯的地方繼續糾纏下去，迅速將錯誤言辭撇開，避免越陷越深，然後再在錯誤言詞後面接上一句：「然而正確說法應是……」這樣一來也就將口誤甩到了一邊，取而代之的是你正確的言論。

借鑑話術：「我剛才那句話還不夠完善，還應加以補充……」

3. 意思延伸法

意思延伸法就是說，將錯誤的意義延伸為其他的含義。當你意識到自己發生口誤時，索性將錯就錯，然後把你原先錯誤的意思轉變成其他的含義，讓它朝正確的方向發展。值得注意的是，在你修改錯誤含義時，一定要選用適當的言辭，小心弄巧成拙。

說話出現口誤是難免的，在處事過程中，最好不要出現這樣的錯誤，或者說應降低這種錯誤出現的頻率。如果不慎出現口誤，也不要為此而擔驚受怕，動動腦筋想出最巧妙的語言給予彌補就可以了。

第八章　化解僵局：打破尷尬局，話題能延續

高情商表達，會聊的人生沒有「尬聊」

在聊天時，不知大家有沒有過這樣的經歷，那種尷尬的聊天，氣氛幾乎接近冰點，用現在一個很流行的詞語來說就是那種「尬聊」。本來聊天就像結交對象，遇到對的人對很多人來說也不是一件簡單的事，可是偏偏又遭遇「尬聊」，這時心中一定會有這麼一個念頭——不伺候了，真懶得理他（她）了！這樣的聊天實在太難，這種人分分鐘能把天聊死⋯⋯這樣的場景，想必大家都或多或少經歷過。

又是一個週末，已經好久沒有和朋友一塊出去了，於是小源翻到朋友的社群帳號，發給她一則訊息：「好久不見，趁著週末，我們一起出去玩吧！」

「好啊！玩什麼呢？」

「要不去看電影，聽說某某電影上映後的評價不錯。」

「不想去！」

「要不就去逛街吧！」

「逛街太累，不想去！」

「那你想出去玩什麼呢？」小源很好奇，朋友有什麼新鮮的想法呢？

「我都可以啊！隨便你。」

看到這一行字,小源頓時感到心裡一陣翻江倒海,禁不住想問問朋友:你還想要我怎樣呢?

還有一次,小源看電視看到很晚,一個朋友剛好傳訊息過來。

「在做什麼呢?睡覺沒?」

「沒,看電視劇呢!」

「哦!好吧!你怎麼不看書或寫點什麼呢?大好的時間浪費在追肥皂劇上,多浪費啊!現在的電視劇都沒什麼內容,多沒營養啊!」

「我懶得理你!」小源在心裡狠狠地說道。許久,小源呆呆地看著手機螢幕,不知怎麼回覆。

很快,朋友又傳來一則訊息:「我一直以為你是個很有理想的人,沒想到也這麼俗。我這個人說話比較直,你別不愛聽啊!」

小源當時那個心情啊,恨不得直接告訴對方:「我就是很俗,我就是不愛聽!」

之後沒多長時間,小源社群帳號換了一張頭貼。原本的頭貼用了很長時間都不曾換過,這一換,有人秒發一則訊息給小源:「這頭貼是你本人嗎?」

「嗯!是的。」

「哇!好漂亮啊!真不錯。」

第八章　化解僵局：打破尷尬局，話題能延續

「哪有哪有！這都是美顏相機的功勞。」

「我正尋思呢！你哪有這麼漂亮。」

……

小源鬱悶地闔上手機，恨不得把這些耿直的尬聊者都揍成豬頭。

這樣的例子真是舉不勝舉，有時候碰到這樣的情況，真是讓人分分鐘想摔手機。

看過美國心理學家艾克曼（Ekman）說過的一段話，他認為：「尷尬」是一種獨立的情緒，它普遍存在於人們的社會互動與日常生活當中，而尬聊只是「尷尬」的一種表現形式！

某節目中一次主持人採訪企業家，企業家回憶自己創業經歷的情景，事業失敗之後，企業家曾經一度十分沮喪，他說自己坐在飛機上看著夜空，看著月亮……聽到這裡，主持人立刻打斷企業家的話，驚詫地反問：飛機上怎麼會看到月亮呢？企業家一下子尷尬了，他囁嚅著說：「有、有窗戶……」

看到這裡真是讓人擔心，還能不能好好聊天啦？在日常人際溝通中，很重要的一件事是要在對方的行為面前保持一個清醒敏銳的頭腦，只有這樣，我們才能隨時察覺對方心裡想要說的事情，並給予有效的回應，這樣就不至於陷入「尬聊」的境地。

不管你的聊天的對象是誰，需要銘記的一點就是：你在這

裡不是為了證明自己具備某一種攻無不克戰無不勝的互動技巧，而是在溝通時讓你的聊天對象時刻感受到他是被關心著、被照顧著的。試問，這樣的情況，對方還會懶得理你嗎？

有人說，人之高低，從溝通中就能區別出來，說話是一項綜合能力的展現，溝通力代表著一個人的情商，表現著一個人的思想、素養和眼界。

有人說「所謂情商高，就是會說話」，這話一點也沒有錯。高情商溝通能讓你輕鬆遠離尬聊，並能找到一些可以聊得下去的話題，這些人通常不會隨意反駁對方的言論、質疑對方的感受，而是能從聊天對象的角度去思考問題，當聊天一旦讓對方不適而陷入尷尬之中時，能夠換位思考，並設身處地地為對方著想。

國家圖書館出版品預行編目資料

語言影響學，全面升級你的溝通影響力：從話術到心術，讓你的聲音在重要時刻無懈可擊 / 徐幫學 著. -- 第一版. -- 臺北市：樂律文化事業有限公司，2025.02
面；　公分
POD 版
ISBN 978-626-7644-46-1(平裝)
1.CST: 說話藝術 2.CST: 溝通技巧 3.CST: 人際傳播
192.32　　114000522

電子書購買

爽讀 APP

語言影響學，全面升級你的溝通影響力：從話術到心術，讓你的聲音在重要時刻無懈可擊

臉書

作　　　者：徐幫學
責任編輯：高惠娟
發 行 人：黃振庭
出 版 者：樂律文化事業有限公司
發 行 者：崧博出版事業有限公司
E - m a i l：sonbookservice@gmail.com
粉 絲 頁：https://www.facebook.com/sonbookss/
網　　址：https://sonbook.net/
地　　址：台北市中正區重慶南路一段 61 號 8 樓
8F., No.61, Sec. 1, Chongqing S. Rd., Zhongzheng Dist., Taipei City 100, Taiwan
電　　話：(02) 2370-3310　　傳　　真：(02) 2388-1990
律師顧問：廣華律師事務所 張珮琦律師
定　　價：330 元
發行日期：2025 年 02 月第一版
◎本書以 POD 印製